Franz von Holtzendorff

Richard Cobden

Nach dem Original von 1866
herausgegeben von Hansjörg Walther

Libera Media

2016

V. i. S. d. P.:
Dr. Hansjörg Walther
Schwarzburgstraße 7
60318 Frankfurt am Main
Deutschland

ISBN-13: 978-1530864775

ISBN-10: 1530864771

Inhalt

Einleitung

Franz von Holtzendorff

Franz von Holtzendorff wurde am 14. Oktober 1829 in Vietmannsdorf in der Uckermarck geboren. Ihm war der politische und gesellschaftliche Einsatz gewissermaßen in die Wiege gelegt, denn sein Vater, ebenfalls mit Namen Franz von Holtzendorff (1804-1871), war ein liberaler Politiker, der bereits im Vormärz für Reformen eintrat, wie etwa eine Volksvertretung für den Deutschen Bund. Das brachte ihm die Ablehnung seiner adeligen Standesgenossen ein und Verfolgung durch die Regierung. Erst 1848 wurde er amnestiert und rehabilitiert. Während der Revolutionszeit gehörte der Vater dann dem von Wilhelm Lette (1799-1868) geleiteten „Constitutionellen Club" an. Später verfolgte er wohltätige Zwecke, etwa im Fröbel-, Unions- und Gustav-Adolph-Verein.

Der Sohn Franz von Holtzendorff wuchs auf dem Gut der Familie auf und ging dann auf die Schule des Grauen Klosters in Berlin und die Fürstenschule Schulpforta, wobei seine Begabung für Sprachen schon frühzeitig auffiel. Im Jahr 1848 nahm er das Studium der Rechtswissenschaften an der Universität Berlin auf. Nach Aufenthalten in Heidelberg und Bonn promovierte er schließlich 1852 in Berlin über eine zivilrechtliche Fragestellung. Anschließend nahm er den gerichtlichen Vorbereitungsdienst auf.

Bereits in seiner Studienzeit bereiste Franz von Holtzendorff England und Italien, was er zu rechtlichen und volkswirtschaftlichen Studien nutzte. Im Jahre 1857 habilitierte er sich dann an der Universität Berlin mit der Arbeit „De causis poenae mitigandae" (Über die Gründe, aus denen Strafen gemildert werden sollten). Mittlerweile hatte sich sein Schwerpunkt auf das Gebiet des Strafrechts verlagert und hier besonders auf das Gebiet des Strafvollzugswesens.

Zu diesem Themenkreis veröffentlichte Franz von Holtzendorff im Jahre 1859 zwei Monographien mit dem Titeln: „Die Deportation als Strafmittel in alter und neuer Zeit und die Verbrechercolonien der Engländer und Franzosen in ihrer geschichtlichen Entwicklung und criminalpolitischen Bedeutung dargestellt" sowie „Französische Rechtszustände, insbesondere die Resultate der Strafrechtspflege in Frankreich und die Zwangscolonisation von Cayenne". Im selben Jahre befaßte er sich in einer kontrovers diskutierten Schrift auch mit dem Strafvollzug in Irland: „Das irische Gefängnißsystem, insbesondere die Zwischenanstalten vor der Entlassung der Sträflinge". 1864 kam er auf das Thema mit dem Aufsatz zurück: „Études sur le système pénitentiaire irlandais" (Studien über das irische System des Strafvollzugs) und

1865 noch einmal mit der Schrift: „Kritische Untersuchungen über die Grundsätze und Ergebnisse des irischen Strafvollzugs".

In eine ähnliche Richtung ging auch sein Buch von 1861: „Die Kürzungsfähigkeit der Freiheitsstrafen und die bedingte Freilassung der Sträflinge in ihrem Verhältniß zum Strafmaß und zu den Strafzwecken". Hierin empfahl er, daß Strafen nachträglich bei guter Führung verkürzt werden könnten, ein Vorschlag, der in Sachsen aufgenommen wurde, aber ansonsten umstritten blieb. Daneben beschäftigte sich Franz von Holtzendorff auch mit anderen Themen, So veröffentlichte er etwa 1866 den hier wiedergegebenen Vortrag zu Ehren von Richard Cobden (1804-1865). Franz von Holtzendorff hatte den großen Freihändler während seines Aufenthalts in England in den 1850er Jahren persönlich kennengelernt.

Im Jahre 1860 war Franz von Holtzendorff außerordentlicher Professor geworden. Er regte die Gründung des Deutschen Juristentags an, eine Idee, die schon bald in anderen Ländern Nachahmung fand. Ab 1861 gab er außerdem die von ihm begründete „Allgemeine Deutsche Strafrechtszeitung" heraus.

In den Jahren 1861 und 1862 kam es dann zu einer publizistischen Auseinandersetzung zwischen Franz von Holtzendorff und der Brüderschaft des Rauhen Hauses, eines von Johann Hinrich Wichern (1808–1881) gegründeten protestantischen Ordens, der sich halbstaatlich in den Gefängnissen betätigte. Es erschienen die Streitschriften „Die Brüderschaft des Rauhen Hauses, ein protestantischer Orden im

Staatsdienst" 1861 und „Der Brüder-Orden des Rauhen Hauses und sein Wirken in den Strafanstalten" 1862, in denen Franz von Holtzendorff die Verquickung von religiösen und staatlichen Funktionen rügte.

Im Jahre 1864 argumentierte Franz von Holtzendorff dann in seiner Schrift „Die Reform der Staatsanwaltschaft in Deutschland" gegen eine abhängige Staatsanwaltschaft, nicht zuletzt vor dem Hintergrund der Schikanen, die gegen die Opposition im Preußischen Verfassungskonflikt gerichtet wurden. Im Jahre 1865 nahm er diese Frage erneut mit dem Buch auf: „Die Umgestaltung der Staatsanwaltschaft vom Standpunkt unabhängiger Strafjustiz und der Entwurf einer St.P.O. für den preußischen Staat".

Immer wieder hielt Franz von Holtzendorff neben seinen wissenschaftliche Arbeiten öffentliche Vorträge zu rechtlichen Fragen, die Themen wie die Todesstrafe, Kriminalpsychologie, Strafvollzug, die Geschichte des Völkerrechts oder die Rechte von Frauen[1] behandelten und oftmals wie die vorliegende Schrift in der Reihe „Sammlung gemeinverständlicher wissenschaftlicher Vorträge" erschienen, die er zusammen mit Rudolf Virchow herausgab.

Franz von Holtzendorff wartete lange auf eine Berufung als ordentlicher Professor an der Universität Berlin. Zwar erhielt er schließlich 1873 einen Ruf,

---

[1] *So etwa: „Die Verbesserungen der gesellschaftlichen und wirthschaftlichen Stellung der Frauen" von 1867, Neuausgabe bei Libera Media.*

doch der kam kurz, nachdem er sich entschieden hatte, ein Angebot der Universität München anzunehmen, an der er dann bis zu seinem Tode lehrte. In der Öffentlichkeit wurde Franz von Holtzendorff in jener Zeit allgemein bekannt, als er die Verteidigung des Grafen Harry von Arnim-Suckow mit übernahm.[1] In dieselbe Zeit fällt auch seine Tätigkeit für das „Institut du droit international" in Gent, dessen erste Sit-

---

[1] *Graf Arnim war ab 1871 deutscher Botschafter in Frankreich. Im Jahre 1873 kam es zu Auseinandersetzungen mit Reichskanzler Bismarck, wobei man vermutete, daß Graf Arnim sich Hoffnungen auf dessen Posten machte. 1874 wurde der Botschafter auf Betreiben von Bismarck nach Konstantinopel versetzt. Er wehrte sich dagegen in der Presse, wobei herauskam, daß er Akten, die mit Bismarck zu tun hatten, mitgenommen hatte.*

Daraufhin wurde Graf Arnim verhaftet, in Berlin angeklagt und in erster Instanz zu drei Monaten, in der Berufung zu neun Monaten Haft verurteilt. Er floh vor Antritt der Strafe nach Nizza, von wo er sich wiederum über die Presse in eigener Sache äußerte. In Abwesenheit wurde er zu fünf Jahren Haft, unter anderem wegen Landesverrats und Majestätsbeleidigung, verurteilt. Graf Arnim starb 1881 in Nizza.

Bismarck legte dem Reichstag ein auf den Fall zugeschnittenes Gesetz über „Vertrauensbruch im auswärtigen Amt" vor (§ 353a), den sogenannten „Arnim-Paragraphen", der bis heute Bestand hat. Die Vehemenz, mit der gegen den Grafen Arnim vorgegangen wurde, legte die Vermutung nahe, daß es sich auch um eine Racheaktion des Kanzlers handelte, der einen Konkurrenten damit ausschalten wollte. Franz von Holtzendorff übernahm das Mandat nicht unbedingt aus Sympathie für den Angeklagten, sondern weil er Vorbehalte gegen die Rechtsstaatlichkeit des Vorgehens hatte.

zung auf deutschem Boden er als Präsident leitete. In diesem Rahmen untersuchte er auch Themen wie im hier mit wiederveröffentlichten Buch „Die Auslieferung der Verbrecher und das Asylrecht" oder „Die Idee des ewigen Völkerfriedens".[1]

Nach der Reichsgründung wurde das Rechtssystem in Deutschland schrittweise umgestaltet. Franz von Holtzendorff begleitete das als Herausgeber verschiedener Übersichtswerke, wie etwa der „Encyclopädie der Rechtswissenschaft" (erste Auflage 1870/71 und dann zahlreiche weitere Auflagen), dem „Handbuch des deutschen Strafrechts in Einzelbeiträgen" in drei Bänden (erste Auflage 1871–1874), dem „Handbuch des deutschen Strafproceßrechts in Einzelbeiträgen" in zwei Bänden (erste Auflage 1877–1879), dem „Handbuch des Völkerrechts" in vier Bänden (erste Auflage 1885–89) und dem „Handbuch des Gefängnißwesens in Einzelbeiträgen" in zwei Bänden aus dem Jahre 1886. Außerdem gab er das „Jahrbuch für Gesetzgebung, Verwaltung und Rechtspflege des Deutschen Reichs" mit heraus (von 1871 bis 1876), die „Materialien der deutschen Reichsverfassung" in drei Bänden (1873) und das „Repertorium des deutschen Reichstags" (1872).

Franz von Holtzendorff war außerdem an der Begründung einer Reihe von Abhandlungen unter dem Titel „Deutsche Zeit- und Streitfragen" beteiligt, die sich ähnlich wie die „Sammlung gemeinverständlicher wissenschaftlicher Vorträge" an ein breites

---

[1] *Erschienen 1881 und 1882, Neuausgaben bei Libera Media.*

Publikum wandten. Ein Thema zu dem Franz von Holtzendorff immer wieder zurückkehrte, war dabei die Todesstrafe, für deren Abschaffung er sich einsetzte. In diesem Zusammenhang erschienen „Die Psychologie des Mordes" und die umfassende Abhandlung: „Das Verbrechen des Mordes und die Todesstrafe"[1].

An ausführlicheren Werken veröffentlichte Franz von Holtzendorff zudem 1879 das Buch „Die Principien der Politik" und 1884 „Zeitglossen des gesunden Menschenverstandes". Hinzu kamen Reiseberichte wie „Ein englischer Landsquire" von 1877 oder die „Schottischen Reiseskizzen" von 1882.

Neben diesen literarischen und wissenschaftlichen Aktivitäten widmete sich Franz von Holtzendorff auch wohltätigen Zwecken. Er war an der Gründung und Leitung der Berliner Volksküchen beteiligt, wirkte an der Führung des Lette-Vereins zur Förderung der Erwerbsthätigkeit und höheren Bildung des weiblichen Geschlechts mit, half, das Victoria-Lyceum zu gründen. Er unterstützte den Berliner Handwerkerverein und den Vereins für Verbreitung von Volksbildung. Auf religiösem Gebiet war er an der Gründung des Protestantenvereins beteiligt sowie an der Herausgabe der „Protestantenbibel Neuen Testaments" mit Verbesserungen des Luthertextes (mehrere Auflagen ab 1872). Auch in seiner Münchener Zeit ab 1873 widmete sich Franz von Holtzendorff verschiedenen wohltätiger Zwecken. So unterstützte er

---

[1] *Neuausgabe der beiden Bücher von 1875 bei Libera Media.*

den Münchener Volksbildungsvereins, kümmerte sich um die Reform der höheren Bildungsanstalten und regte die Bildung einer Juristenvereinigung an.

Durch seine Aufenthalte im Ausland, zahlreiche Kontakte mit befreundeten Wissenschaftlern und seine Werke, die in viele Sprachen übersetzt wurde, erwarb sich Franz von Holtzendorff internationale Anerkennung. Er schrieb etwa für den „Economist", nahm an internationalen Kongressen teil und vertrat die Universität München 1888 bei der 700-Jahrfeier der Universität Bologna. Kurz vor seinem Tod konnte er noch erleben, daß in Italien die Todesstrafe abgeschafft wurde, eines seiner großen, aber für Deutschland unerreichten Ziele.

Franz von Holtzendorff starb noch nicht sechzigjährig am 4. Februar 1889 in München an einem Herzleiden.

Richard Cobden

Der Mann, der später der führende Vertreter der „Manchester School" werden würde, kam ursprünglich nicht aus dem Norden, sondern aus West Sussex im Süden Englands. Am 3. Juni 1804 geboren, wuchs Richard Cobden hier in bescheidenen Verhältnissen als viertes von elf Kindern einer Bauernfamilie auf. Mit zehn Jahren wurde er in ein Internat geschickt, in dem er, wie er sich später erinnerte, „schlecht verpflegt, schlecht behandelt und schlecht unterrichtet" wurde. 1819 begann Richard Cobden im Geschäft eines Onkels in London zu arbeiten. Soweit ihm die Arbeit dazu Zeit ließ, holte er während dieser Zeit nach, was ihm das Internat nicht gegeben hatte. Er brachte sich selbst etwas Französisch bei und verschlang Bücher über Geschichte und politische Ökonomie.

Im Jahre 1828 machten sich Richard Cobden und zwei Freunde nach Manchester auf, ausgestattet mit einer kleinen Summe, die sie angespart und zusammengeliehen hatten. Hauptsächlich durch ihren guten Ruf und Cobdens Beredsamkeit gelang es ihnen, mit einem der größeren Unternehmen ins Geschäft zu kommen. Von diesem ließen sie sich Stoffe nach eigenen Mustern bedrucken, die sie dann vertrieben. Das Geschäft gedieh gut, und schon nach wenigen Jahren konnten die Partner auch das Bedrucken der Stoffe übernehmen. Begeistert schrieb Richard Cobden an seinen Bruder, man könne ihn nackt in Lancashire mit nichts als seiner Erfahrung als Kapital aussetzen und er würde es dennoch zu einem Vermögen bringen.

Mit wachsendem Wohlstand für sich und seine Familie wandte Richard Cobden sich nun zunehmend politischen Fragen zu. So veröffentlichte er 1835 und 1836 vor dem Hintergrund einer antirussischen Hysterie seine ersten beiden Schriften, „England, Ireland and America" und „Russia", in denen er die klassische Lehre vom „Gleichgewicht der Mächte" angriff, die England nur nutzlos in jeden Krieg auf dem Kontinent hineingezogen habe. Dem stellte Cobden die Doktrin der „Nichteinmischung in die politischen Angelegenheiten anderer Nationen" entgegen. Großbritannien solle nicht den Weltpolizisten spielen, sondern sich lieber um die eigenen Probleme wie das Elend in Irland kümmern. Nicht rückständige Staaten wie Rußland seien die Herausforderung der Zukunft, sondern die USA, deren Bürger nicht durch kostspielige Kriege und Steuern zu deren Finanzierung niedergedrückt würden.

1838 gründete sich in Manchester eine Vereinigung, die spätere „Anti-Corn Law League", deren Ziel es war, eine unmittelbare und vollständige Abschaffung der Kornzölle zu bewirken. Die Kornzölle waren 1815 nach dem Sieg über Napoleon eingeführt worden, um die Preise für Getreide auf dem hohen Niveau der Kriegszeit zu halten. Sie verteuerten nicht nur das Brot, sondern führten auch zu stärkeren Schwankungen in den Preisen, als es sie ohne die Kornzölle gegeben hätte. Richard Cobden schloß sich sogleich der „League" an, in der er aufgrund seiner großen Fähigkeiten als Organisator und Redner schon bald eine der führenden Rollen spielen sollte.

Zu Beginn suchte die „Anti-Corn Law League" über die Vorteile des Freihandels mit Flugschriften, Versammlungen und einer eigenen Zeitung aufzuklären. Die Wirkung war allerdings begrenzt, denn im Parlament dominierten sowohl auf Seiten der Tories als auch der Whigs adlige Grundbesitzer, die zumeist ein unmittelbares Interesse an der Erhaltung der Kornzölle hatten. Deshalb ging die „League" dazu über, bei den Wahlen nur ausgewiesene Freihändler zu unterstützen und soweit möglich eigene Kandidaten ins Rennen zu schicken, die den kleinen Kreis der freihändlerischen Radikalen im Parlament verstärken konnten. Mit Agitationen in den ländlichen Regionen bemühte man sich, die Pächter und Landarbeiter davon zu überzeugen, daß die Korngesetze nicht in ihrem Interesse lagen. Als besonders aussichtsreich stellte sich schließlich eine systematische Kampagne heraus, bei der die Wahlregister auf Unregelmäßigkeiten geprüft und neue Wähler registriert wurden.

Nicht zuletzt dies, aber auch die überzeugenden Argumente der Freihändler und die schlechte wirtschaftliche Lage begannen eine Wirkung zu zeitigen. Der Führer der Whigs, Lord John Russell, bekehrte sich zum Freihandel, und auch unter einer Gruppe von Tories um den Premierminister Sir Robert Peel fand die „League" ein aufmerksames Ohr. 1842 führte Peel eine erste Zollreform durch, die Einfuhrverbote abschaffte und Zölle auf viele Rohmaterialien für die Produktion erheblich senkte. Allerdings fielen die Reduktionen bei Getreide und Zucker aus Rücksicht auf protektionistische Tories vergleichsweise gering aus.

Als 1846 klar wurde, dass das Land durch Mißernten in eine Krise hineinsteuerte, die insbesondere in Irland wegen der Kartoffelfäule desaströse Ausmaße annehmen sollte, entschloß sich Sir Robert Peel, die Kornzölle ganz abzuschaffen. Mit Unterstützung der Freihändler und weiter Teile der Whigs, aber gegen erheblichen Widerstand seiner eigenen Partei setzte er dies durch. In einer Würdigung erkannte der Premierminister die Rolle Cobdens an: „[…] der Name, der mit dem Erfolg dieser Maßnahmen verbunden sein sollte und sein wird, ist der Name Richard Cobden."

Über die Kampagne gegen die Korngesetze hatte sich Richard Cobden zu wenig um seine Geschäfte kümmern können, sodaß er sich in einer ziemlich prekären finanziellen Lage befand. In Anerkennung seiner Verdienste wurde deshalb eine Sammlung veranstaltet, die die Summe von 75.000 Pfund zusammenbrachte und es Richard Cobden ermöglichte, seine Schulden abzuzahlen und sein Unternehmen aufzugeben. Auch seine Gesundheit hatte unter den Anstrengungen der letzten Jahre gelitten. So begab er sich mit seiner Frau auf eine Reise durch Europa. Mittlerweile war Richard Cobden eine internationale Berühmtheit. Und was eigentlich der Erholung dienen sollte, verwandelte sich in eine Kette von Audienzen, Empfängen und Feiern zu seinen Ehren.

In den folgenden Jahren wandte sich Richard Cobden verschiedenen Fragen zu, die für ihn aus dem Prinzip des Freihandels folgten. In einer Rede in

Manchester anläßlich der Abschaffung der Korngesetze hatte Richard Cobden bereits betont, daß es ihm um mehr als nur die materiellen Vorteile des Freihandels ging. „Ich sehe im Prinzip des Freihandels das, was in der moralischen Welt wie die Anziehungskraft im Universum wirken wird, was Menschen zueinanderziehen, den Gegensatz von Rasse, Glauben und Sprache beiseite stoßen und uns im Band des ewigen Friedens vereinigen wird."

1849 nahm er am Pariser Friedenskongress teil, wo er seine Rede mit Unterstützung von Frédéric Bastiat auf französisch hielt. Hier ging es unter anderem um internationale Abrüstungsvereinbarungen und den Boykott einer russischen Anleihe, mit der die Unterdrückung der Ungarn finanziert werden sollte. Auf dem Frankfurter Friedenskongress 1850 in der Paulskirche plädierte Cobden für Schiedsgerichte bei Streitigkeiten zwischen den Staaten: „Ist hier einer, der den Krieg dem Schiedsgerichte vorzöge? (Nein, nein!) Also laßt uns Gerechtigkeit suchen, statt Krieg, und wollen unsere Lenker nicht anders, so verstoßen wir sie und stürzen solche Regierung um."

Richard Cobden war ein unerbittlicher Gegner der britischen Kolonialpolitik. In seiner Schrift „How Wars are Got Up in India" attackierte er 1853 die Politik des indischen Generalgouverneurs am Beispiel der gewaltsamen Annexionen in Burma. Im Unterhaus ergänzte er: „[...] Ich glaube nicht, dass es irgendwie mehr im Interesse des englischen Volkes liegt als in dem der Bevölkerung von Indien, dass wir 100 Millionen Menschen 12.000 Meilen entfernt dauerhaft regieren sollten. Ich sehe keinen Vorteil, der dem englischen Volk aus seiner Verbindung mit Indien erwachsen kann, außer dem, welcher aus ehrlichem Handel erwächst [...]“. Anlässlich der gleichermaßen brutalen Meutereien indischer Truppen und deren Unterdrückung im Jahre 1857 fragte er in einem Brief: „Ist es möglich, daß wir die Rolle des Despoten und Schlächters dort spielen können, ohne unseren Charakter zuhause verdorben zu finden?“

Freihandel, Nichteinmischung, Abrüstung, und Rückzug aus den Kolonien fügten sich für Cobden in der Fiskalpolitik zusammen, denn nur so konnte die Belastung der Bevölkerung durch Steuern vermindert und der wirtschaftliche und gesellschaftliche Fortschritt vorangetrieben werden. Angesichts eines stark regressiven Steuersystems, dessen Hauptlast gerade die Armen über indirekte Steuern trugen, befürwortete Richard Cobden eine stärkere Verlagerung der Besteuerung hin zu direkten Steuern auf Einkommen, Eigentum und Erbschaften. In erster Linie müsse es aber um eine sparsame Staatsverwaltung gehen. Im Unterhaus führte er staatliche Verschwendung am Beispiel der Waffenproduktion durch den britischen Staat vor: „Ich finde, dass man den Leitern dieser Staatsbetriebe niemals klarmachen kann, daß das Kapital, mit dem sie umzugehen haben, echtes Geld ist. Wie sollte es echtes Geld für sie sein? Es kostet sie nichts [...] Deshalb ist es für sie ein Mythos — bloß für die Steuerzahler ist es eine Realität.“

Ein anderes Anliegen, das Richard Cobden in diesen Jahren verfolgte, war eine Wahlrechtsreform. Im Prinzip befürwortete er dabei ein allgemeines Wahlrecht, nicht nur für Männer, sondern auch für Frauen.

Da er dies aber für nicht durchsetzbar hielt, konzentrierte er sich auf Reformen wie eine schrittweise Ausdehnung des Wahlrechts sowie die Einführung geheimer Wahlen. Im Gegensatz zu seinem Freund und Mitstreiter John Bright war Cobden aber weniger zuversichtlich, daß eine Ausweitung des Wahlrechts zu einer besseren Politik führen würde. Voraussetzung sei eine entsprechende Bildung, ohne die Politiker nur die Vorurteile der Bevölkerung ausnutzen könnten. Nicht zuletzt daraus erklärte sich die große Bedeutung, die Richard Cobden der Bildung zuerkannte. Er unterstützte die Gründung von Schulen und trat für die Abschaffung der „Steuern auf Wissen" — Zeitungsstempel sowie Steuern auf Anzeigen und Papier — ein. Allerdings bezeichnete er ein rein freiwilliges Schulsystem als eine Schimäre und befürwortete staatliche Eingriffe, um nach amerikanischem Vorbild ein System konfessionell neutraler und gebührenfreier Grundschulen einzuführen, die durch eine lokale Steuer finanziert werden sollten.

Wie leicht sich seine Mitbürger von ihren Vorurteilen mitreißen ließen, mußte Richard Cobden während des Krimkriegs erleben. Gerade einmal ein Jahr zuvor hatte er sich in seiner Schrift „1793 and 1853" gegen die Furcht vor einer französischen Invasion gewandt. Nun trieb 1854 England an der Seite Frankreichs durch ungeschickte Diplomatie und den Druck der Öffentlichkeit in einen Krieg gegen Rußland. Richard Cobden und John Bright wandten sich scharf gegen dieses Abenteuer, fanden sich aber in einer kleinen und verachteten Minderheit. Bei den Parlamentswahlen wurde die „Manchester School" abgestraft. Sowohl Cobden als auch Bright verloren ihre Sitze.

Richard Cobden zog sich resigniert aus dem öffentlichen Leben zurück. Erst 1856 gegen Ende des Krimkriegs meldete er sich mit seiner Schrift „What next – and next?" zurück, in der er die verfahrene Lage analysierte. Auch wenn der Krimkrieg in Ernüchterung endete, ließ sich Großbritannien von seiner Politik nicht abbringen. 1857 folgte die Niederschlagung der indischen Meuterei und der zweite chinesische Krieg. Zu der Frustration über die Unbelehrbarkeit seiner Landsleute kamen für Richard Cobden private Schicksalsschläge, ein Nervenzusammenbruch seines Freundes John Bright und der Tod seines Sohnes.

1859 kam Richard Cobden mit dem Finanzminister William Ewart Gladstone überein, auf einer Reise nach Paris zu sondieren, ob Frankreich und Großbritannien gleichzeitig ihre Zölle senken könnten. Gemeinsam mit Michel Chevalier, einem Schüler des französischen Freihändlers Bastiat, machte er sich daran, die französische Regierung und Kaiser Napoleon III. von den Vorteilen eines solchen Schrittes zu überzeugen. Mit viel Geschick gelang es ihm schließlich, einen Handelsvertrag gegen starken Widerstand protektionistischer Kreise in Frankreich zustandezubringen. Frankreich schaffte darin alle Importverbote für englische Waren ab und senkte viele Zölle. Im Gegenzug und ganz im Sinne eines wohlverstandenen Freihandels senkte Großbritannien Zölle auf zahlreiche Waren aus a l l e n Ländern und schaffte viele weitere ab. Cobdens Hoffnung, mit dem Vertrag zu einer

Entspannung mit Frankreich beizutragen, wurde allerdings von einer erneuten Invasionspanik durchkreuzt, die er in seiner letzten Schrift „The Three Panics" im historischen Vergleich aufarbeitete.

Der amerikanische Bürgerkrieg traf Richard Cobden hart, denn er hatte stets auf die USA als Vorbild für eine kluge Politik gesetzt. Nach anfänglichem Zögern ergriff er anders als die meisten seiner Landsleute die Seite der Nordstaaten, weil diese für die Sklavenbefreiung eintraten. Großbritannien sollte sich nach Cobdens Meinung strikt neutral verhalten, eine Haltung, die auf eine harte Probe gestellt wurde, als der Norden die Häfen der Südstaaten blockierte und damit die Zufuhr von Baumwolle nach England abschnitt. Die folgende „Cotton Famine" führte zu großer Arbeitslosigkeit in Nordengland. Zu deren Linderung initiierte Richard Cobden die Sammlung der unerhörten Summe von mehr als einer Million Pfund. Das Ende des amerikanischen Bürgerkriegs sollte Cobden nicht mehr erleben. 1865 reiste er trotz gesundheitlicher Probleme nach London, um sich im Unterhaus gegen einen Plan für Befestigungen in Kanada zu wenden. Nach kurzer Krankheit starb er am 2. April 1865.

Richard Cobdens Tod löste große Trauer aus. Seine Leistungen wurden von Freunden wie Gegnern gewürdigt. In den Worten Walter Bagehots, Herausgeber des Economist: „Sehr selten, wenn überhaupt jemals in der Geschichte, hat ein Mann so viel erreicht mit Worten … und doch so wenig Schlechtes gesprochen wie Herr Cobden!"

Hansjörg Walther

Zur Edition

Die hier wiedergebene Rede hielt Franz von Holtzendorff 1866 im Berliner Handwerkerverein. Richard Cobden war im Vorjahr gestorben, sodaß es sich gewissermaßen auch um einen Nachruf und eine Würdigung seiner Leistungen handelte. Auch in Deutschland war Richard Cobden weithin bekannt und wurde bewundert. Nicht zuletzt hatte er gezeigt, wie eine Bewegung des Volkes ein verkrustetes System aufbrechen konnte. Das entsprach ganz der Lage, in der sich Liberale wie Franz von Holtzendorff befanden, die im Preußischen Verfassungskonflikt die Verfassung gegen die Übergriffe der Regierung unter Otto von Bismarck verteidigten.

Wie in der Zeit nicht unüblich erschien die Rede auch als Broschüre. Sie bildete zugleich einen Beitrag zur „Sammlung gemeinverständlicher wissenschaftlicher Vorträge", die Franz von Holtzendorff und Rudolf Virchow herausgaben.

Die vorliegende Wiederveröffentlichung folgt dabei dem Separatdruck von 1866. Sperrungen zur Hervorhebung wurden nachgeahmt. Die Anmerkungen des Originals waren Endnoten, wurden aber hier in Fußnoten umgewandelt, um dem Leser das Blättern zu ersparen. Sie sind nicht-kursiv gesetzt und an ihrem Anfang steht in eckigen Klammern jeweils die ursprüngliche Numerierung vermerkt.

Kursiv gesetzte Fußnoten stammen vom Herausgeber und enthalten Erläuterungen, Verweise und Hintergrundmaterial. Bei der Kommentierung wurden im Zweifelsfall zu viele als zu wenige Worte und Sachverhalte erläutert, da für heutige Leser vieles nicht mehr unmittelbar verständlich ist und keine hohen Anforderungen an das Hintergrundwissen gestellt werden sollten.

In eckigen Klammern und mit kleinen Lettern ist die ursprüngliche Paginierung vermerkt, wobei im Fall von Trennungen zusätzliche Bindestriche nach der Seitenzahl eingefügt wurden. Am Kapitelanfang wurde die Paginierung aus ästhetischen Gründen nach der Überschrift eingefügt.

Richard Cobden

Ein Vortrag, gehalten im Berliner Handwerkerverein,

von

Franz von Holtzendorff

[5] Wenige Männer haben sich durch Wort, Schrift und That so große Verdienste um die arbeitende Klasse erworben, wie Richard Cobden[1]. Sein Leben gehört zunächst England, sein Beispiel aber der ganzen gesitteten Welt. An ihm lernen wir, was persönliche Tüchtigkeit, feste Ausdauer, Reinheit der Sitten, uneigennütziges Wollen erstreben soll und erreichen kann. Seine Größe war nicht das Geschenk des Glückes, nicht die Gabe günstiger Zufälligkeiten, sondern die Frucht eigener Arbeit.

Richard Cobden war von armen Eltern am 3. Juni 1804 in dem Meierhause[2] zu Dunford, nicht weit von Midhurst in der englischen Grafschaft Sussex[3] gebo-

---

[1] *Richard Cobden (1804-1865) war ein englischer Unternehmer, Politiker und einer der Vorkämpfer des Freihandels. Er starb am 2. April 1865, sodaß Franz von Holtzendorff auch eine Art Nachruf auf ihn hält.*

[2] *Ursprünglich ist ein „Meier" jemand, der ein Gut für den Grundherrn verwaltet, später ein Pächter oder untergeordneter Bauer.*

[3] *Sussex ist eine Grafschaft in Südengland, rund um die Stadt Brighton.*

ren. Seine Bildung bewegte sich Anfangs in dem engen Kreise, welcher durch die Lebensumstände der unteren Gesellschaftsklassen[1] dem Unterrichte gezogen war. Eine veränderte Umgebung erweiterte indessen bald das Anschauungsgebiet des jungen Mannes, nachdem er in London eine Stellung als Buchführer in dem Handlungsgeschäfte eines Verwandten übernommen hatte. Während Andere durch die Reizungen der großen Weltstadt in Genußsucht aufgestachelt werden, erwachte in ihm der Trieb, sich selbst die Mittel höherer Geistesentwickelung zugänglich zu machen. Den Mahnungen seines Geschäftsherrn entgegen, welcher der grauen Theorie und dem Studium abhold[2] war, bemächtigte er sich richtig wählend des Inhalts aller guten Bücher, deren er habhaft werden konnte. Er las eifrig, was in Beziehung stand zu seinem Berufe und ihn von dem festen Grunde seiner täglichen Wirksam-[6]-keit zu höherer Erkenntniß emporhelfen konnte. Volkswirthschaft und Geschichte lagen ihm am nächsten, und A d a m S m i t h ward der erwählte Lehrer, dessen Wissenschaft er sich zumeist[3] auzueignen suchte. Was er sich so in der Stille der Mußestunden, über den Voranschlag[4] seiner Erzie-

---

[1] *Der Begriff einer „Klasse" ist in der Zeit noch nicht von der marxistischen Umdefinition betroffen. Gemeint ist hier eine relativ feststehende gesellschaftliche Schicht.*

[2] *abgeneigt, ungünstig.*

[3] *zumeistens, zum größten Teil.*

[4] *Auflistung der einzelnen Kostenpositionen, hier im übertragenen Sinne: dessen, was nach dem Bisherigen zu erwarten gewe-*

Richard Cobden

hung hinauseilend, aus Büchern erworben, belebte sich weiterhin durch die auf Reisen dargebotene Gelegenheit zur Beobachtung, wuchs mit der Neigung, das Erlernte anzuwenden und an den Thatsachen zu prüfen. Als Handlungsreisender besuchte der junge Cobden den Continent, sogar Aegypten. Er verstand es, nicht nur mit Nutzen für seinen Auftraggeber, sondern auch mit höchstem geistigen Gewinn für sich selbst zu reisen, sich selbst jenen Anschauungsunterricht zu ertheilen, den man ehemals nicht nur zur Vollendung der einem Edelmann zu gewährenden Erziehung, sondern auch zur Ausbildung eines tüchtigen Handwerkers für nothwendig hielt[1]. Wanderjahre waren Cobden's beste Lehrjahre. Was der Mehrzahl heut zu Tage nur als ein Vergnügen der Ortsveränderung und als Erholung Bedeutung zu haben scheint, war für ihn eine Schule geistiger Freiheit. Cobden erwies an seiner eigenen Person, was planmäßiges Lesen und zweckmäßig genutztes Reisen in heutiger Zeit für die umfassende Ausbildung eines von Natur begabten Geistes zu thun vermögen, wenn ein zur Selbsthülfe entschlossenes Bildungsbedürfniß daran geht, das abgebrochene oder verkümmerte Werk der Volksschule[2]

---

sen wäre.

[1] *Gesellen gingen auf eine längere Wanderschaft, um sich in der Fremde neue Kenntnisse anzueignen.*

[2] *Mit zehn Jahren wurde Richard Cobden in ein Internat geschickt, in dem er, wie er sich später erinnerte, „schlecht verpflegt, schlecht behandelt und schlecht unterrichtet" wurde. Siehe auch die biographische Skizze im Anhang.*

zu ergänzen. Cobden lernte auf seinen bescheidenen Geschäftsreisen mehr, als die meisten Staatsmänner auf diplomatischen Missionen. Er reifte selbst zum Staatsmann heran.

Nachdem er den angebornen Bauerjungen vollkommen abgehäutet und an berechtigtem Selbstvertrauen hinreichend gewonnen, gelang es ihm, in Manchester in Verbindung mit eini-[7]-gen anderen jüngeren Geschäftsgenossen eine Kattundruckerei[1] zu begründen. Die Mittel zur Ausführung seines Unternehmens, im Betrage von etwa 3000 Rthlr.[2] Gold, erhielt er als Vorschuß auf sein Ehrlichkeit strahlendes Gesicht von einem halb unbekannten Manne, der der jugendlichen, auf Reisen erprobten Einsicht vertraute. Im Jahre 1830 ging die Uebersiedelung nach der großen Fabrikstadt, dem Hauptsitze englischer Baumwollenindustrie, von Statten. In Mitten einer regen, sogar gewaltigen Concurrenz gelang es Cobden in kurzer Zeit, seine neue Geschäftsanlage, insbesondere durch eine verbesserte Erzeugungsweise und durch eine aufmerksame Beobachtung der im Auslande besonders begehrten Muster, zur Blüthe emporzuheben. Sein Einkommen ward glänzend.

---

[1] *Kattun ist ein glattes und dichtes Baumwoll-Gewebe in Leinwandbindung.*

[2] *Von 1821 bis 1871 gab es in Preußen den Neuen Reichstaler bzw. Thaler, dem 30 Silbergroschen (Sgr.) zu je 12 Kupferpfennigen entsprachen. 1871 wurde er von der Mark abgelöst, wobei drei Mark einem Taler entsprachen. Eine grobe Annäherung an den Wert wären etwa 50 Euro für einen Taler.*

Richard Cobden

Die Lebensgeschichte der Mehrzahl solcher, denen „es glückt" oder „gut geht", pflegt von einem solchen Punkte ab fortlaufend nur noch eine Familiengeschichte zu sein, ohne anderes Interesse, als dasjenige, welches der Geistliche in einer Leichenrede unter den nächsten Angehörigen hervorzurufen vermag. Anders bei Cobden. Sein eigenes Wohlergehen schuf nicht die Selbstgefälligkeit des Behagens, sondern das lebendige Pflichtgefühl gegen das Uebelergehen Anderer, gegen die Mißstände des öffentlichen Lebens. Sein Blick lenkte sich auf die Zustände der Gemeinde und Staatsverwaltung. Bescheiden wie er war, begann er, ohne seinen Namen zu nennen, die Mitarbeiterschaft an einem zu Manchester erscheinenden Lokalblatte. Kaum würde er sich genannt haben, wenn nicht der Werth seiner schriftstellerischen Leistungen aufmerksame Beobachter angeregt hätte, den Namenlosen zu entdecken.

Eine erste, selbständige Schrift unter dem Titel: „England, Irland und Amerika"[1] bekämpfte 1835 die Politik Lord Palmerston's[2]. Ein Jahr später wendete er sich erfolgreich gegen |8| die damals allgemein verbreitete Russenfurcht. Unter dem Eindrucke, den die Zer-

---

[1] *Orignaltitel: "England, Ireland, and America." Das Buch erschien anonym als „by a Manchester Manufacturer".*

[2] *Henry John Temple, 3. Viscount Palmerston (1784-1865) war ein britischer Politiker sowie Premierminister von 1855 bis 1858 und von 1859 bis 1865. Er begann seine Karriere als Tory, wechsele dann aber zu Whigs, die schließlich in der Liberalen Partei aufgegingen. Von 1830 bis 1851 war er Außenminister.*

schmetterung des polnischen Aufstandes[1] durch den Kaiser Nikolaus[2] hinterlassen hatte, war durch eine Klasse englischer Politiker, deren Führerschaft Urquhart[3] erlangte, der Glaube genährt worden, daß die Tage der abendländischen Gesittung gezählt und durch einen neuen Einbruch östlicher Barbaren, wie zu Zeiten der Völkerwanderung bedroht seien. Cobden setzte das Thörichte einer solchen Annahme klar auseinander. Er vergleicht zwei der hervorragendsten Russischen Großen, Potemkin[4] und den blutigen

---

[1] *Der Novemberaufstand von 1830/1831 hatte die Unabhängigkeit Polens zum Ziel. Der russische Zar Nikolaus I. wurde als König von Kongreßpolen, dem Teil, der Rußland von Polen bei der Teilung zugefallen war, für abgesetzt erklärt. Es kam zur Bildung einer nationalen Regierung. Die militärischen Auseinandersetzungen verliefen zunächst für die Polen günstig, bis sie schließlich der Übermacht der russischen Armee erlagen.*

[2] *Nikolaus I. (1796-1855) aus dem Haus Romanow-Holstein-Gottorp war von 1825 bis 1855 Kaiser von Rußland und von 1825 bis 1830 der letzte König von Polen.*

[3] *David Urquhart (1805-1877) war ein schottischer Politiker und Publizist. In seinem Reisewerk "Observations on European Turkey" vertrat er die Ansicht, daß die orientalische Politik Rußlands die Interessen Großbritanniens gefährde und das Osmanische Reich erhalten werden müsse. 1835 wurde er von Lord Palmerston zum Gesandtschaftssekretär in Konstantinopel ernannt. Richard Cobden kritisierte die Ansichten von Urquhart in seiner Schrift "England, Ireland, and America".*

[4] *Grigori Alexandrowitsch Potjomkin (1739-1791) war ein russischer Fürst, Feldmarschall sowie Vertrauter und Liebhaber von Katharina der Großen.*

Richard Cobden

Suwaroff[1] mit den beiden, um die Erfindung und Verbesserung der Dampfmaschine verdienten, Engländern Watt[2] und Arkwright[3]. Ihnen, so meinte er, und nicht den Heldenthaten Wellington's[4] und Nelson's[5] verdanke England die Riesengröße seines Welthandels und den Wachsthum seines Wohlstandes, der alles, was man jemals von den Handelsstaaten älterer Zeiten, von Tyrus[6], Carthago und Venedig wisse, weit hinter sich zurücklasse.

In diesem kleineren Vorpostendienst der Tagespresse bereitete sich Cobden zur Heerführerschaft in dem großen Kampfe vor, welcher bald darauf gegen die englischen Kornzölle[7] geführt wurde. In der Er-

---

[1] *Alexander Wassiljewitsch Suworow-Rymnikski (1730-1800) war ein berühmter russischer Generalissimus.*

[2] *James Watt (1736-1819) war ein schottischer Erfinder, der wesentliche Verbesserungen für Dampfmaschinen entwickelte.*

[3] *Richard Arkwright (1732–1792) war ein Textilunternehmer und der Erfinder zahlreicher Patente im Bereich des Spinnens.*

[4] *Arthur Wellesley, 1. Duke of Wellington (1769–1852) war ein britischer Feldmarschall. Er siegte in der Schlacht von Waterloo gegen Napoleon.*

[5] *Horatio Nelson, 1. Viscount Nelson, 1. Baron Nelson (1758-1805) war ein britischer Admiral. Am bekanntesten ist er für den Sieg in der Seeschlacht von Trafalgar 1805, bei der er selbst fiel.*

[6] *Tyros oder (lateinische Form) Tyrus ist eine Stadt im Süden des heutigen Libanons.*

[7] *Unter der Kontinentalsperre, der Blockade Großbritanniens durch die von Napoleon beherrschten Staaten des Kontinents,*

wähnung desselben berühren wir eine der wichtigsten Epochen in der inneren Entwickelungsgeschichte des englischen Staatswesens, welche gleichzeitig die Glanzperiode in Cobden's Leben darstellt.

Um das Jahr 1838 waren die inneren Zustände Englands der allertraurigsten Art, die Getreidepreise in Folge wiederholt schlechter Ernten von ihrem Durchschnittsstande beinahe auf's doppelte emporgeschnellt; die Zufuhren billigen Getreides von außen her gehemmt durch Schutzzölle[1], welche sich die Partei der Tories[2] im Wege der Gesetzgebung namentlich seit

---

war die britische Landwirtschaft gewachsen. Mit dem Sieg über Napoleon gab es einen Einbruch. Auf Druck landwirtschaftlicher Interessen wurden deshalb 1815 die „Corn Laws" erlassen, die durch Zölle den Preis für Getreide („corn" stand für alle Arten von Getreide) hochhalten sollten. Bezahlt wurden die hohen Preise besonders von denen, die einen großen Teil ihres Einkommens für Lebensmittel aufbringen mußten, also vor allem von den ärmeren Schichten in Großbritannien.

[1] Schutzzölle haben den Hauptzweck, den Preis für ein Gut im Inland zugunsten von dessen Produzenten und zu Lasten der Konsumenten hochzuhalten. Sie sollen den betreffenden Wirtschaftszweig „schützen". Im Gegensatz dazu ist das Ziel von Finanzzöllen eine Besteuerung wie bei Steuern im Innern, wobei eine Protektion bestimmter Wirtschaftszweige nicht beabsichtigt ist (aber wegen des Eingriffes in den Markt Umverteilungseffekte nicht ausgeschlossen sein müssen). Am ehesten sind Güter für Finanzzölle geeignet, die nicht im Inland hergestellt werden. Die Freihändler lehnten Schutzzölle ab, waren nicht prinzipiell gegen Finanzzölle.

[2] Vorläufer der späteren Konservativen (die je nachdem auch als „Tories" bezeichnet werden). Ihnen gegenüber standen die

Richard Cobden

1815 zu verschaffen gewußt hatte. Trotz der Reform-
bill[1], welche 1832 den |9| freisinnigeren[2] Whigs[3] eine
Anzahl von Wahlstimmen verschafft hatte, befand
sich das Parlament vorwiegend unter dem Einfluß des
großen ländlichen Grundbesitzes, der an der Auf-
rechterhaltung hoher Kornpreise und der künstlichen
Vertheuerung des Brodes ein ebenso starkes als ein-
trägliches Sonderinteresse hatte. Zu der Theuerung der
Getreidepreise kam zu jener Zeit eine der in gewisser
Regelmäßigkeit von Amerika ausgehenden Handelskri-

Whigs. Die Abschaffung der Kornzölle führte zu einer neuen Ein-
teilung. Die Liberale Partei formierte sich dabei aus den Whigs,
freihändlerischen Tories und den Radikalen (wie etwa Richard
Cobden).

[1] Der britische Reform Act von 1832, der aus drei Reform Bills
bestand, war ein Gesetz, mit dem das Wahlrecht reformiert
wurde. Bis dahin wurden die Abgeordneten des Unterhauses in
"burroughs" gewählt, die teilweise nur eine Handvoll von Wählern hatten, teilweise aber auch sehr viele. Es wurden nun
Wahlkreise eingeführt, die der tatsächlichen Anzahl von Wählern entsprachen. Außerdem dehnte das Gesetz das Wahlrecht
aus, indem die Anforderungen an den notwendigen Landbesitz
reduziert wurden.

[2] „freisinnig" ist einfach das deutsche Wort für „liberal", allerdings mit teilweise anderen Konnotationen. In der Zeit bedeutet
es eine politische Einstellung und nicht die Zugehörigkeit zu einer Partei.

[3] Die Whigs waren die Gegenspieler der Tories in Großbritannien
bis zur Mitte des 19. Jahrhunderts. Sie umfaßten konservative
und liberale Unterflügel. Tendenziell waren sie aufgeschlossener
für Reformen. Sie gingen in der Liberalen Partei auf.

sen[1], veranlaßt durch übermäßige und unüberlegte Zufuhr europäischer Industrieerzeugnisse. Die Preise gingen plötzlich und ganz unerwartet zurück, zahlreiche Zahlungseinstellungen traten ein, die Fabriken von Lancashire[2] kamen in Stillstand, die Umgegend von Manchester bedeckte sich mit beschäftigungslosen Arbeitern. Eine schreckliche Theuerung der Lebensmittel schloß ihr verderbliches Bündniß mit dem Arbeitsmangel der unteren Klasse. Das waren die Zustände, unter denen der Kampf gegen den Fortbestand der Kornzölle eröffnet ward; ein Kampf, der noch heute wegen der Mittel, mit denen er geführt wurde, und wegen seines Verlaufes die größte Aufmerksamkeit aller derer verdient, denen daran gelegen ist, ein tieferes Verständniß der staatlichen Bewegungsgesetze zu gewinnen.

Schon im Jahre 1836 hatte sich eine Anti-Korn-Gesetz-Gesellschaft[3] in London gebildet. Nach Jahr und Tag entstand ein ähnlicher Verein in Manchester,

---

[1] *Die "Panic of 1837" war eine der größten Wirtschaftskrisen in der Geschichte der Vereinigten Staaten. Sie begann in New York mit einem Börseneinbruch am 10. Mai 1837, als die Banken die Konvertibilität von Papiergeld in Gold und Silber einstellten. Es folgten fünf Jahre wirtschaftlicher Depression. Andere Krisen waren etwa die "Panics" von 1819, 1825 oder 1847.*

[2] *Lancashire ist eine Grafschaft im Nordwesten Englands. Wichtige Städte sind heute Blackburn, Blackpool und Lancaster. Früher war Lancashire größer und bezeichnete eine Region, zu der auch Manchester und Liverpool gehörten.*

[3] *Englisch: Anti-Corn Law League.*

aus welchem 1838 der „Bund der Korngesetzgegner" (Anti-Corn-Law League[1]) hervorging, dessen Name von Cobden herrühren soll. In einem öffentlichen Vortrage hatte er, die englischen Tories schildernd, auf den Hansebund[2] hingewiesen, dessen vereinigte bürgerliche Kraft den Fürsten Privilegien abgetrotzt und die Freiheit des Seehandels in den nordischen Meeren entrissen hatte. Dieser Hinweis zündete. Man erlangte einen „Bund" aller einzelnen Vereine, zur gemeinsamen Verfolgung des gleichen Zieles. Und [10] in der That gebührt Cobden das unbestrittene Verdienst, die bis dahin vereinzelten und in Vereinzelung schwachen Bestrebungen unter einer oberen Leitung centralisirt zu haben.

Man begriff damals in England, daß im Parlament und vom Parlamente allein eine Abhülfe des Nothstandes nicht zu erwarten war. Anträge, welche eine Herabsetzung der Kornzölle bewirken sollten, waren zwar dann und wann von einzelnen Mitgliedern gestellt, immer indeß mit überwältigender Mehrheit zurückgewiesen, sogar geradezu verhöhnt worden. Daß

---

[1] *Etwas ungewöhnliche Schreibweise, möglicherweise vom Deutschen her übernommen. Im Englischen fehlt meist der zweite Bindestrich.*

[2] *"Hansebund" ist wohl eine Rückübersetzung von englisch "Hanseatic League". Auf Deutsch spricht man eher von der "Hanse". Sie bestand zwischen der Mitte des 12. Jahrhunderts und der Mitte des 17. Jahrhunderts und reichte von den Niederlanden bis nach Estland. Die ihr angehörenden Städte und Gebiete unterstanden dabei verschiedenen Herrschern, arbeiteten aber zusammen und hatten ein gemeinsames Rechtssystem.*

man nunmehr in Manchester einen besonderen Weg einschlug, um sich zu helfen, darf als ein Zeichen hoher staatsmännischer Einsicht noch gegenwärtig Anerkennung beanspruchen. In Ländern mit einer Volksvertretung bilden sich nämlich erfahrungsmäßig sehr oft zwei schädliche Irrthümer heraus. Der eine besteht darin, daß Man glaubt, eine Verbesserung bestehender Mängel sei lediglich Sache der gewählten Volksvertreter, diesen müsse alles überlassen bleiben und das Volk thue seine Schuldigkeit, wenn es bei den Wahlen seine Meinung ausspreche und sich im Uebrigen der Antheilnahme an den öffentlichen Angelegenheiten enthalte. Ganz im Gegentheil zeigte sich gerade in England, dessen parlamentarische Einrichtungen durch Jahrhunderte hindurch bewährt sind, daß alle großen und heilsamen Verbesserungen selten vom Parlamente allein, fast immer unter der entscheidenden Bewegung des unmittelbar wirkenden, seiner Ziele bewußten Volkswillens durchgesetzt wurden. Ohne die Regsamkeit des Volkes würde sicherlich die Reformbill niemals durchgesetzt worden sein, denn Parlamente können niemals den Volkswillen selbst ersetzen, sondern nur dessen Darstellung, Führerschaft und Anregung vermitteln. Der zweite, häufig wiederkehrende Irrthum ist der, zu glauben, daß sich diejenige Klasse, welche sich von dem Drucke bestehender Miß-[11]-bräuche am schwersten betroffen. fühlt, eines für ihre Zwecke wirksamen Wahlgesetzes versichern müsse, um dadurch ein äußerliches Uebergewicht über die politischen Gegner zu erlangen und ihr Interesse jedesmal widerspruchslos durchsetzen zu können. Aus dieser Vorstellung erzeugt sich nämlich nothwendiger Weise ein Rückschlag, der darin besteht, daß sich die

Richard Cobden

Gesellschaft, enger denn je, nach Sonderinteressen gruppirt und die Einheit des staatlichen Gesammtberufs[1] aus dem Bewußtsein der Menge entschwindet. Zu Cobden's Zeiten, gegen das Jahr 1840, waren es die englischen Chartisten[2], welche das allgemeine gleiche Wahlrecht zunächst erringen wollten, um alsdann mittelst dieser Waffe ihre weiteren Forderungen desto sicherer durchsetzen zu können.

Zwischen diesen beiden Klippen mit sichrer Hand zu steuern, war keine leichte Aufgabe. Einerseits galt es den Volksgeist in Bewegung zu setzen, um auf die Anhänger der Kornzölle im Parlament einen energischen Druck auszuüben, andererseits kam es darauf an, in Mitten der Bewegung die unteren Klassen von Uebertreibungen und Ausschreitungen fernzuhalten, vor jener Ungeduld zu bewahren, die bei einem äußeren Nothstande nur zu erklärlich ist, aber der Beharrlichkeit in politischen Bestrebungen so häufig Abbruch thut.

---

[1] „Beruf" im Sinne von Berufung, also einem Ziel oder Zweck.

[2] Die Chartisten waren eine politische Bewegung in Großbritannien in der ersten Hälfte des 19. Jahrhunderts. Ihre Hauptforderung war das allgemeine Wahlrecht. Dieses sollte dazu genutzt werden, Reformen wie die Beschränkung der Arbeitszeit oder ein Verbot der Frauen- und Kinderarbeit durchzusetzen. Es gab zwei Flügel, diejenigen, die sich mit "moral force" (Überzeugungsarbeit), und diejenigen, die sich mit "physical force" (Gewalt), durchsetzen wollten. Zeitweise gerieten die Chartisten mit der Anti-Corn Law League aneinander.

Franz von Holtzendorff

In jenem denkwürdigen Zeitabschnitt, welcher den Kampf gegen die englischen Kornzölle einfaßt und einen siebenjährigen Krieg (von 1838 bis 1845) der staatsmännischen Einsicht gegen eigennützige Vorurtheile in allen seinen Wechselfällen veranschaulicht, ragen zwei Erscheinungen besonders deutlich hervor: die Bedeutung des verfassungsmäßigen Vereinsrechtes[1] in England und die Macht einer sittlich starken, in ihrer Führerschaft anerkannten Persönlichkeit. Die Thätigkeit der Massen [12] und das Gewicht Cobden's, die Anzahl und die Individualität verbündeten sich zu gemeinsamem Handeln.

Großartig waren die in Bewegung gesetzten Mittel ihrem äußeren Umfange nach. Der „Bund" zur Abschaffung der Kornzölle verbreitete sich nach und nach über ganz England. Die jährlichen Beiträge der Mitglieder erreichten eine Höhe von 90,000 Thalern[2], die Gesammtausgaben des Vereins Ein und eine halbe Million[3]. Das Organ des Vereins, der „Bund"[4], circulirte in Hunderttausenden von Abdrucken. Gegen zwei Millionen Exemplare kleinerer Abhandlungen wurden verkauft und vertheilt, um die öffentliche Meinung zu

---

[1] *Franz von Holtzendorff spricht 1866 in Preußen, wo es Vereinsfreiheit nur sehr begrenzt gibt. Erst 1869 wird etwa die Koalitionsfreiheit verwirklicht.*

[2] *Ab 1871 entspricht ein Taler drei Mark. Eine ganz grobe Annäherung an seinen Wert wären etwa 50 Euro heute.*

[3] *Für die Zeit ein gigantischer Betrag.*

[4] *Originaltitel: „The League".*

gewinnen, Preise ausgeschrieben für die besten Aufsätze über die Nothwendigkeit der erstrebten Reform. Im Verlaufe weniger Jahre wurden 30,000 Briefe vom Vorstande des Bundes empfangen, die zehnfache Anzahl abgesendet. Noch viel thatkräftiger bemächtigte sich der von Cobden geleitete Bund der im Vereinswesen dargebotenen Mittel der Belehrung. Reisende Apostel[1] durchzogen im Auftrage und auf Kosten des Vereins das Land, um die Lehre des Freihandels zu predigen und die Fragen zu erläutern, deren Entscheidung erstrebt wurde. Aus dem Rechenschaftsberichte, welchen der Bund 1845 für die zwei vorangegangenen Jahre abstattete, ergiebt sich, daß man innerhalb dieses Zeitraumes 150 Versammlungen in Wahlflecken[2], 50 in anderen Orten abgehalten hatte! Zu einer früheren Zeit war eines der größten Theater Londons[3] gemiethet worden, um darin den arbeitenden Klassen unentgeltliche Vorträge über die aus dem Schutzzoll auf Getreide erwachsenden Nachtheile zu halten. Eine zum Besten des Vereins aus freiwilligen Geschenken

---

[1] *Bote, Botschafter, weniger im religiösen Sinne, auch wenn die Kampagne der Anti-Corn Law League mit großem moralischem Eifer geführt wurde. Richard Cobden wurde als der „Apostel des Freihandels" bezeichnet. Ein Slogan der League war „Free Trade is Jesus Christ, and Jesus Christ is Free Trade".*

[2] *kleine Ortschaft, aber mit einem eigenen Sitz im Parlament.*

[3] *Welches Theater gemeint ist, ist schwer zu sagen, denn die Anti-Corn Law League veranstaltete viele derartige Versammlungen, etwa im Covent Garden Theatre (Royal Opera House) oder im Theatre Royal (Drury Lane).*

errichtete Verkaufshalle[1] ergab einen Ertrag von nahezu 250,000 Thalern. Selbst unscheinbare Mittel wurden nicht verschmäht, wenn sie auch nur den geringsten Erfolg versprachen. Indem man be-[13]-griff, daß es zuweilen nützlich sein könnte, die Formen der Belehrung zu verändern, und den verschiedenen Neigungen der Menschen anzupassen, stiftete man in größeren Räumlichkeiten der Städte sogenannte Theeabende an denen sich ganze Familien, Männer und Frauen an kleinen Tischen versammelten, um die Belehrung zu empfangen, welche die vom Verein bezeichneten Redner ertheilten. Der berühmte Nationalöconom Bastiat[2] erkannte an, daß das Interesse der Frauen an allgemein menschlichen Fragen nicht ganz außer Acht gelassen werden dürfe[3]. Was man in großen Versammlungen der Parlamentswahlen von der wirthschaftlich politischen Seite besprach, das zeigte

---

[1] *Um ihre Tätigkeit zu finanzieren, wurden Basare abgehalten, bei denen von den Anhängern gespendete Gegenstände verkauft wurden.*

[2] *Claude Frédéric Bastiat (1801-1850) war ein Ökonom und Politiker, der den Freihandelsgedanken nach Frankreich brachte. In Übersetzungen war er auch in Deutschland sehr einflußreich.*

[3] *Auf die Beteiligung der Frauen drang auch Richard Cobden selbst, der grundsätzlich das Wahlrecht auch für Frauen befürwortete. Seine beiden Töchter waren später Frauenrechtlerinnen: Jane Cobden (1851-1947) und Anne Cobden-Sanderson (1853-1926). Franz von Holtzendorff liegt das Thema auch am Herzen, vgl. sein Buch "Ueber die Verbesserungen in der gesellschaftlichen und wirthschaftlichen Stellung der Frauen" von 1867 (Neuausgabe bei Libera Media).*

man an jenen englischen Theeabenden der Arbeiterfamilie in seiner menschlichen Bedeutung. Umtost von dieser Brandung der Geister, bezeichnete Cobden den Weg zum Hafen, einem Leuchtthurm vergleichbar, der auf dem Felsengrunde wissenschaftlicher und sittlicher Ueberzeugung aufgebaut ist. Sein Leuchtfeuer war unauslöschlich. Es sei beispielsweise erwähnt, daß er während jener Periode der angespanntesten Kraft in vierzig Tagen 35 Volksversammlungen an ebenso viel verschiedenen Tagen abhielt und in ihnen, häufig allein, stundenlang im Freien seine Lehre verkündete. Dem Anfangs beschränkteren Gesichtspunkte, welcher die Schutzzölle zwar in Beziehung auf Getreide zu Gunsten der arbeitenden Klasse beseitigen, hinsichtlich der Erzeugnisse der Industrie indessen beibehalten zu sehen wünschte, trat Cobden mit Entschiedenheit entgegen. Er forderte den Freihandel im weitesten Umfange. Gerade hierdurch erlangte sein Streben jene höhere Weihe, welche auf die Gemüther der Masse erhebend einwirkte, und den Gegnern den Vorwurf abschnitt, daß man nur zum Vortheile der arbeitenden Klasse einseitig eine Veränderung herbeiführen. wolle, bei welcher der [14] Grundbesitz verliere, die städtische Industrie aber unbetheiligt bleibe.

Auf diesem Wege gelang es, den großen Grundbesitz nach und nach in die Rolle desjenigen zu versetzen, der unrechtmäßig erworbenes Gut mit Gewalt oder List zu vertheidigen sucht. Zwei Gründe waren es vorzugsweise, mit denen der englische Landadel die Notwendigkeit hoher Getreidepreise und der Kornschutzzölle vertheidigte. Zunächst berief er sich auf den voraussichtlich drohenden Ruin der englischen Landwirthschaft, die bei höheren Arbeitslöhnen als in anderen europäischen Ländern billige Getreidepreise nicht ertragen könne. Sodann behauptete man, namentlich im Oberhause, daß das Interesse der englischen Landwirthschaft völlig gleichbedeutend sei mit dem Gesammtwohl des englischen Staatswesens: eine Behauptung, die in ähnlicher Weise überall wiederkehrt, wo es sich darum handelt, Privilegien und Vorrechte zu vertheidigen. Sobald die Privilegirten überführt werden, daß sie auf Kosten anderer Staatsbürger Vortheile genießen, taucht auch der Einwand auf, daß dies zum Vortheil und im Namen des Staates geschehe. Die Anmaßung der englischen Grundbesitzer ging so weit, zu fordern, daß diejenigen Arbeiter, welche billigeres Brod zu erlangen wünschten nach anderen Weltgegenden auswandern möchten.

So verderblichem Eigennutze gegenüber war der Zorn und die Entrüstung wohl berechtigt. In feuriger und hinreißender Rede geißelte Cobden solche Einwendungen vor dem gesammten Volke. Einmal sprach er:

„Was bedeutet der Schutzzoll auf Brod? Eine künstlich erzeugte Hungersnoth. Gewiß wundert Ihr Euch, daß die Gesetzgebung dieses Landes kein anderes Ziel verfolgt, als die Herbeiführung der unerträglichsten Hun-[15]-gersnoth. Und doch handelt es sich gerade darum. Geht nur hin — wie ich Euch gesagt habe, an die Schranken des Hauses der Lords und der Gemeinen[1], und Ihr werdet hören, daß der Grundton aller ihrer Reden nur der

---

[1] *House of Commons.*

ist: Unsere Zinsen und Grundrente! hohe Grundrente! Rente! Rente! — Was soll denn dies heißen? Seht da die Prachtexemplare der großen Grundherren; würdige Herren allerdings und stattlich anzuschauen auf den bequemen Sesseln des Herrenhauses! aber wenig hervorragend über die Fläche des gewöhnlichsten Verstandes und, soweit ich sehen kann — ebenso wenig über die Mittelmäßigkeit in Charakter und Kenntnissen. — Aber sie sitzen nun doch einmal da. Wer sind sie denn? Geadelte Getreide- und Fleischhändler, die zu theuren Preisen verkaufen wollen.“

Solche Angriffe gehörten in den Reden Cobden's allerdings zu den Ausnahmen. Continentale Strafgesetze würden darin das Verbrechen der Erregung von Haß oder der Gefährdung des Friedens durch Aufreizung der Staatsangehörigen erblicken. In England zeigte sich sehr bald, daß gerade solche Sprache zum Vortheile der Angegriffenen selbst ausschlug. In der Regel sprach Cobden ruhig, klar, gemäßigt, in strenger Aufeinanderfolge seiner Darlegung überzeugend, schonungsvoll für Gegner, ohne Berechnung des Beifalls.

Auch diese Gabe war für ihn das Werk mühsamer Selbsterziehung und langsamer Uebung. Als er zuerst öffentlich sprach, befiel ihn so große Befangenheit, daß er stecken blieb. Was ihn stärkte und Befähigung zur Rede gleichsam auf künstlichem Wege lieh, war die Sicherheit, mit der er die Grundsätze der Volkswirthschaftslehre zu handhaben und darzulegen verstand. Anschaulichkeit war sein höchstes Ziel in der Sprache. [16] Er überzeugte, indem er mit Sicherheit rechnete.

Nach seinen Aufstellungen steigerte sich durch die Kornzölle bei schlechter Ernte der Preis des Brodes um 40 Procent. Bei einem Einkommen von wöchentlich 3 Thlr. 10 Sgr.[1], habe, so zeigte er, der Arbeiter für den Unterhalt der Seinigen den fünften Theil für Brod aufzuwenden[2], während der reiche Mann von seinem Einkommen nur Pfennige als Procente entrichte.

Erprobt und gerüstet trat Cobden 1841 in das Unterhaus, als Vertreter von Stockport[3]. Damals war das Whigministerium[4] gefallen, und nach einer Parlamentsauflösung P e e l[5] an die Spitze der Geschäfte getreten. Da die Tories eine Mehrheit von sieben und

---

[1] *1 Taler entspricht 30 Silbergroschen, Abkürzung „Sgr."*

[2] *Ein typischer Haushalt muß dabei einen viel größeren Anteil seiner Ausgaben für Lebensmittel verwenden (weit mehr als die Hälfte), als dies heute der Fall ist (gut 10%).*

[3] *Stockport ist heute eine Großstadt im englischen Metropolitan County Greater Manchester.*

[4] *Ein „Ministerium" ist das, was man heute die Regierung nennen würde. Premierminister war William Lamb, 2. Viscount Melbourne, vom 18. April 1835 bis zum 30. August 1841. Er wurde von dem Tory Sir Robert Peel abgelöst.*

[5] *Sir Robert Peel, 2. Baronet (1788-1850), war ein britischer Staatsmann und konservativer Politiker. Er war von 1841 bis 1846 Premierminister und stürzte, als er zusammen mit den Whigs und den Radikalen, zu denen Richard Cobden zählte, für die Abschaffung der Kornzölle eintrat. In den Folgejahren führte er eine Gruppe von konservativen und freihändlerischen Abgeordneten.*

sechszig Stimmen erlangt hatten, war geringe Aussicht vorhanden, mit der Abschaffung der Kornzölle durchzudringen. Cobden und nächst ihm sein Freund Bright[1] verfochten ihre Sache nichtsdestoweniger inner- und außerhalb des Parlaments. Sir Robert Peel selbst, ein an Fähigkeiten und Charakter ungemein hochstehender Staatsmann, gehörte zu den eifrigen Vertheidigern der vermeintlichen Interessen der Grundbesitzer. Als sein Sekretär Drummond[2] 1843 an seiner Stelle durch einen Wahnsinnigen erschossen worden war, ging Sir Robert Peel sogar so weit, den gegen ihn beabsichtigten Mord seinem Gegner Cobden zuzuschreiben, eine Beschuldigung, welche er späterhin feierlich zurücknahm und welche es erklärlich macht, daß politische Mordanfälle auch von niedrig denkenden Menschen jedesmal einer Oppositionspartei schlechthin und im Ganzen aufgebürdet zu werden pflegen.

Die Entscheidung des hartnäckig zwischen Cobden und seinen Gegnern geführten Kampfes wurde vorzugsweise durch drei Umstände herbeigeführt. Zuerst durch die vom Bunde der Korngesetzgegner un-

---

[1] *John Bright (1811-1889) war einer der Führer der Freihandelsbewegung und ein radikaler Politiker. Er arbeitete eng mit Richard Cobden zusammen, mit dem oft in einem Atemzug genannt wurde.*

[2] *Edward Drummond (1792-1843) war der persönliche Sekretär von Sir Robert Peel. Er wurde von Daniel M'Naghten erschossen, der eigentlich den Premierminister hatte treffen wollen. M'Naghten erhielt wegen Unzurechnungsfähigkeit ein Urteil "nicht schuldig".*

ternommene Aufklärung der ländlichen Arbeiter, in deren Kreise die Bewegung nach und nach hinein-[17]-getragen wurde. Cobden selbst nahm häufig die Gelegenheit wahr, die sich an Markttagen darbot, und hielt alsdann den zahlreich versammelten Landbewohnern und Bauern ihre wahren Interessen vor, deren Uebereinstimmung mit denjenigen der städtischen Arbeiter er nachwies. Der Erfolg dieser Bemühungen bestand darin, daß die grundbesitzende Klasse um ihren gesellschaftlichen Einfluß auf die ländliche Arbeiterklasse um so mehr besorgt ward, als eine Widerlegung der Freihandelslehre mindestens für England nicht zu erbringen war. Ein zweiter Umstand von großer Wichtigkeit war die von dem Bund der Korngesetzgegner bewerkstelligte Vermehrung der ländlichen Wählerstimmen. Da das Wahlrecht damals wie jetzt in England an einen verhältnißmäßig hohen Census[1] geknüpft, und die Zahl der kleineren selbständigen Grundbesitzer überhaupt nur gering ist, verfiel man auf den Gedanken, mit den Geldmitteln des Bundes größeren Grundbesitz, zu erwerben, diesen zu zertheilen und an die Gegner der Korngesetze zum Kostenpreise unter billigen Bedingungen zu verkaufen. Auf diese Weise eroberte man in der That einzelne Stimmen im Parlament. Ueberhaupt hatten die Gegner der Korngesetze bei allen Wahlen seit 1840, ohne Rücksicht auf das politische Programm, solchen Männern ihre Stimmen zugewendet, die sich zur Abstim-

---

[1] *Mindesteinkommen oder –vermögen, um wählen zu dürfen. In Großbritannien muß man in der Zeit einen Landbesitz einer gewissen Größe haben, um das Wahlrecht ausüben zu können.*

mung gegen die Korngesetze ihren Wählern gegenüber ausdrücklich verpflichtet hatten. Auf diese Weise hatte sich im Parlament eine Partei der Freihandels-interessenten unter der Bezeichnung der Manchester-Leute[1] herausgebildet, als deren Führer Cobden und Bright anerkannt waren. Auch diese letztere Bewegung erfüllte die Grundaristokratie mit Besorgniß und machte sie geneigt, in der Frage der Kornzölle nachzugehen. Der letzte Umstand endlich, der zu einer entscheidenden Wendung beitrug, war die schlechte Ernte, welche im Jahre 1845 die Preise noch-[18]-mals in eine bedenkliche Höhe trieb[2] und die Zufuhr billigen Getreides aus dem Auslande dringend wünschenswerth erscheinen ließ.

Sir Robert Peel beantragte 1845 selbst die von Cobden bisher verfochtene Reform. Die Arbeiter erhielten billiges Brod.[3] Der Führer der Tories erkannte im Parlament selbst an, daß dieser entscheidende

---

[1] *Im Englischen ist die Bezeichnung eher ungewöhnlich. Man spricht eher von der „Manchester School", als wenn es sich um eine wissenschaftliche Schule handeln würde.*

[2] *Ein Teil hiervon war der Beginn der Großen Hungersnot (1845-1852) in Irland, die durch den Ausbruch der Kartoffelfäule ausgelöst wurde.*

[3] *Die erste Wirkung war weniger ein Sinken der Preise als ein Ausgleich der vorher starken Preisschwankungen. Erst mußten Anbaugebiete in anderen Ländern und die entsprechenden Transportwege erschlossen oder ausgebaut werden. In den folgenden Jahrzehnten sanken dann die Preise mit dem Import von Getreide vor allem aus den USA massiv.*

Schritt in der wirthschaftlichen Entwickelung Englands vor allen Dingen Cobden zu danken sei. Und in der That, das Land hatte allen Grund, dies gelten zu lassen. Selten sind wissenschaftliche Voraussagungen und Vorausberechnungen so glänzend durch die späteren Thatsachen bestätigt worden, wie die Lehren, welche Cobden an die Abschaffung der Korngesetze geknüpft hatte. Neben dem gesteigerten Wohlbefinden des städtischen Arbeiters, hob sich die englische Landwirthschaft zu höherer Zeugungskraft empor. Der grundbesitzende Adel verlor nicht nur nichts an äußeren Güterm, sondern er gewann an moralischem Ansehn, nachdem er von dem Verdachte gereinigt worden war, daß er aus der Bedürftigkeit und dem Hunger der unteren Volksschichten Vortheil zu ziehen suche. Cobden's Bemühungen hatten somit zur Hebung der englischen Aristokratie beigetragen, welche glücklicherweise nach jahrelanger Befangenheit in engen Vorurtheilen in einem entscheidenden Augenblicke eingesehen hatte, daß das Festhalten der Irrthümer, um das Lob der Consequenz zu verdienen, zu den schwersten Sünden der Machthaber gehört und daß rechtzeitige Nachgiebigkeit gegen den vernünftigen und festen Willen des Volkes keine Schwäche, sondern im Gegentheil eine Quelle moralischer Macht über andere Menschen ist.

Die Geschichte der Volksbewegung gegen die Kornzölle war reich an Lehren nicht nur für die englische Aristokratie, sondern auch für das Volk in seiner Gesammtheit. Es war daraus zu [19] lernen, wie zur friedlichen Erreichung staatlicher Verbesserungen das Vereins- und Versammlungsrecht gebraucht werden muß. Es zeigte sich, was ein Verein vermag, der seine

Zwecke richtig begrenzt, seine Mittel planmäßig benutzt, die richtige Leitung wählt, seinen Mitgliedern bestimmte Pflichten, Lasten und Opfer auferlegt, sich nicht blos des Meinungsausdruckes unter seinen eigenen Angehörigen befleißigt, sondern vor allen Dingen darauf bedacht ist, auf die Gleichgültigen außerhalb seines Kreises und auf die Ueberzeugungen politischer Gegner handelnd und bestimmend einzuwirken. Durch diese Erkenntniß unterschied sich der Bund der englischen Korngegner vorzugsweise von den bisher so erfolglosen Clubs der Franzosen[1], welche unter den Angehörigen einer und derselben Partei politische Theorien und Abstraktionen erörterten, sich in ihrem eigenen Kreise zuweilen „einer an Einstimmigkeit grenzenden Majorität" erfreuen, auf den Gang der Staatsangelegenheiten hingegen ohne Einfluß bleiben.

Schon einmal habe ich auf den Einfluß der einzelnen Personen hingewiesen, wenn es darauf ankommt, der Volksbewegung ihre Ziele stets gegenwärtig zu erhalten. Die größten und schwerfälligsten Schiffe bedürfen der kleinen Magnetnadel in höherem Maße, als der Nachen[2], der sich längs des Ufers bewegt. Die Hunderttausende, welche in England an den Bestrebungen gegen die Korngesetze thätig Theil genommen hatten, waren sich dieser Wahrheit bewußt; in Mitten des Erfolges, zu dem so viele beigetragen, vergaß man

---

[1] *Gemeint sind die Debattierclubs, die es in Frankreich gibt und die häufig sozialistische Ziele verfolgen.*

[2] *Ein Nachen war ursprünglich ein Einbaum, später allgemein ein flaches Boot für die Binnenschifffahrt.*

nicht einen Augenblick, was man Richard Cobden schuldete Ein Nationalgeschenk von 480,000 Thalern[1] Gold war die Anerkennung seines Volkes. Sein Geburtshaus wurde zudem für ihn angekauft[2]. Dies großartige Zeugniß der Dankbarkeit, welches in der neueren Geschichte ohne Beispiel ist, war gleich ehrenvoll für das Englische Volk, wie für Cobden. Nur falsche Bescheidenheit oder [20] ein mangelhaft entwickelter Sinn für das staatliche Leben kann solche Zeugnisse bemängeln oder gar zurückweisen wollen. Ein solcher Vorgang hat eine höhere moralische Bedeutung, als die steinernen Triumphbogen, welche die Aufregung des Augenblicks oder die Schmeichelei der Günstlinge siegreichen Feldherren bei ihrer Heimkehr errichtete. Cobden selbst hatte eine solche Anerkennung, wie sie ihm die englische Nation darbrachte, weder erwartet noch gehofft, aber sowohl wegen des erreichten Erfolges als auch wegen der Aufopferung seiner eigenen Glücksgüter verdient. Um den Kampf gegen die Korngesetze mit Dahingabe seiner ganzen Person führen zu können, hatte er sich aus jenem blühenden Geschäft, das er zu Manchester begründet, zurückgezogen und ein glänzendes Jahreseinkommen in Stich gelassen. Die persönlichen Opfer, welche Cobden der

---

[1] *Eine Umrechnung in heutige Werte ist nur bedingt möglich, eine ganz grobe Richtung wäre ein Verhältnis von 50 Euro für einen Taler, womit es sich um eine sehr große Spende handelte. Richard Cobden hatte über das Engagement sein Unternehmen vernachlässigt, sodaß er nahe an einem Bankrott stand.*

[2] *Dunford House: Dunford Hollow, Midhurst, West Sussex, GU29 OAF (heute ein Konferenzzentrum).*

Richard Cobden

von ihm vertretenen Sache gebracht hatte, veranschlagte man allgemein auf eine Summe von etwa 200,000 Thalern.

Cobden war auf der Höhe seines Ruhmes angelangt. Nach so großen Anstrengungen und Aufregungen, wie sie der glücklich beendete Kampf nothwendigerweise mit sich gebracht hat, durfte er sich die Erholung des Reisens gönnen. Wie in seiner Jugend, trachtete er auch im reiferen Alter darnach, die Verhältnisse fremder Völker verstehen zu lernen. Sein Blick wendete sich jetzt mit Vorliebe den völkerrechtlichen Beziehungen der Europäischen Staaten zu. Die Ereignisse des Jahres 1848[1] ließen ihn deutlich erkennen, welche Störungen in der friedlichen Entwickelung der continentalen Länder fernerhin zu besorgen sein würden[2]. Mit Lebendigkeit erfaßte er daher den Gedanken, ein Grundgesetz des allgemeinen Friedens für Europa anzubahnen. In diesem Sinne betheiligte er sich an den Friedenscongressen zu Brüssel und Paris[3]. Einsichtig und klar entwickelte er ferner in einer Parlamentsrede

---

[1] Binnen kurzer Zeit kam es 1848 quer durch Europa zu Revolutionen: zuerst im Königreich beider Sizilien, dann in Frankreich, kurz darauf in den deutschen Staaten, Dänemark, Österreich, Ungarn, Polen, den Donaufürstentümern, usw.

[2] vor welchen man Sorgen haben werde.

[3] Gemeint ist der Friedenskongreß in Brüssel 1848 und der in Paris 1849. Richard Cobden war auch einer der Hauptredner auf dem Kongreß in Frankfurt am Main 1850, vgl. „Verhandlungen des dritten [sic] allgemeinen Friedenscongresses, 1851" (Neuausgabe bei Libera Media).

vom Jahre 1849, daß in jedem neu ab-[21]-zuschließenden Vertrag eine Clausel aufzunehmen sei, der zu Folge die Entscheidung entstehender Streitigkeiten über die Auslegung einer Vertragsbestimmung an ein Schiedsgericht verwiesen werden sollte[1].

Diese Bestrebungen Cobden's wurzelten in einem warmen und edlen Gefühl für die Zukunft der Menschheit, außerdem aber in der Erkenntniß jener zahllosen Unterbrechungen, welche die Entfaltung freierer Cultur durch die Kriegsführungen der neueren Zeit erfahren hat. Schon in den Bestrebungen gegen die Kornzölle war diese gleichsam kosmopolitische Richtung in Cobden's Geist hervorgetreten. Er war sich dessen bewußt, daß durch das alte Merkantilsystem[2], welches dem edlem Metalle den freien Umlauf zu wehren und die Welt mit Zollschranken abzu-

---

[1] *Es dauerte etwa ein halbes Jahrhundert bis diese Forderung Realität wurde. Der erste Punkt der Verträge, die am 29. Juli 1899 auf der Ersten Haager Friedenskonferenz allseitig angenommen wurden, war das Prinzip, daß internationale Streitigkeiten nicht durch Gewalt, sondern durch Entscheidungen eines ständigen Schiedshofs geregelt werden sollten. Dieser hat seinen Sitz in Den Haag und besteht bis heute. Auch wenn in den meisten Fällen seitdem doch zur Gewalt gegriffen wurde, gab es immerhin eine Reihe von Streitfällen, die durch den Schiedshof friedlich beigelegt werden konnten.*

[2] *Merkantilismus, Wirtschaftstheorie und danach ausgerichtete Politik zu Zeiten des Absolutismus mit Abschottung der Märkte und dem Ziel, das Gold im Land zu halten durch hohe Exporte und geringe Importe.*

sperren suchte, die Ehrsucht[1] und Eroberungsgelüste der Despoten in die Neigungen der Völker verpflanzt wurden. Freihandel und gegenseitiger Austausch der Arbeitserzeugnisse unter den Nationen bedeutete in seinen Augen die Steigerung wechselseitigen Wohlwollens durch die Erkenntniß, daß je nach den nationalen Anlagen der Völker, nach der geographischen Beschaffenheit der Länder, nach den Eigenthümlichkeiten des Bodens gewisse große Weltgesetze der geistigen und materiellen Arbeitstheilung anzuerkennen sind, daß der freie Handel als Grundsatz den gegenseitigen Austausch der Leistungen zu vermitteln und dadurch die Achtung vor dem besonderen Culturberufe[2] anderer Nationen auf dem Gebiete des materiellen Lebens zu erhöhen habe. Andern Engländern mag der Freihandel in einseitiger Auffassung nichts anderes bedeutet haben, als das vortheilhafteste Mittel der überlegenen Industrie Englands die Märkte der Welt zu erschließen. Cobden erhob sich über einen so beschränkten Standpunkt durch ein feines und ausgebildetes Gerechtigkeitsgefühl.

Der Idealismus, welcher an den ewigen Frieden glaubt |22| und die Kriege nur als eine traurige Verirrung der Menschen betrachtet, ist häufig lächerlich gemacht worden. Auch Cobden mußte sich gefallen lassen, daß man seiner spottete und daß man ihm die

---

[1] *Ehrgeiz.*

[2] *„Kultur" ist hier in einem sehr weiten Sinne, inklusive gesellschaftlicher und wirtschaftlicher Aspekte zu verstehen, im Sinne von „Zivilisation". Gemeint ist eine zivilisatorische Aufgabe.*

Franz von Holtzendorff

Zugehörigkeit der mit den Friedensfreunden[1] verbrü-
derten Manchesterpartei vorwarf. Nicht ganz ohne Unrecht tadelt man die wirthschaftliche Schule[2],
welche diesen Namen trägt. Viele unter denjenigen,
welche diesen Namen bekennen, haben kein Verständniß für die ideale Seite des staatlichen Lebens[3],
dessen Werth sich für sie häufig darauf beschränkt,
daß die Bedingungen des Gelderwerbes für den Einzelnen völlig frei gestellt werden sollen und der Einzelne nicht nur — was ganz richtig ist, der freien Concurrenz preisgegeben, sondern auch der Ausbeu-
tung durch das Gesammtinteresse wirthschaftlich
organisirter oder in sich selbst zusammenhängender

---

[1] *Gemeint ist vor allem die am 14. Juni 1816 begründete "Society for the Promotion of Permanent and Universal Peace". Ihr Ziel
war die allmähliche und gleichzeitige Abrüstung sowie das Prinzip der Schiedsgerichtsbarkeit bei Streitfällen. Henry Richard
(1812-1888), "der Apostel des Friedens" war Sekretär der Gesellschaft von 1848 bis 1884 und von 1868 bis 1888 Mitglied des
Unterhauses.*

[2] *In der Zeit auch als „political economists" oder „economists"
bezeichnet (namensgebend für die Zeitung „The Economist"). Im
Englischen nennt man die Richtung auch „Manchester School",
auch wenn es sich um keine wissenschaftliche Schule handelte.*

[3] *Franz von Holtzendorff vertritt hier eine recht deutsche Auffassung, daß der Staat eine ethische Funktion hat. Er versucht sich
auch gegen ein Bild von „Manchestermännern" abzugrenzen,
wie es seit Ferdinand Lassalle in den frühen 1860er Jahren ge-
zeichnet und von auch konservativen Kritikern des Liberalismus
aufgenommen wurde, allerdings wenig mit den tatsächlichen
Positionen der „Manchester School" zu tun hatte.*

Richard Cobden

Klassen völlig schutzlos überliefert werde. Diese Lehre, welche auf dem öconomischen Gebiete den reinen Naturzustand herstellen will im Vertrauen darauf, daß sich alle Kräfte von selbst und ohne Zuthun des Staates in ein rechtlich und sittlich angemessenes Verhältniß setzen werden, war schon nach ihrem Entstehen der Zielpunkt mannigfacher Angriffe, und auch Cobden ist deswegen häufig getadelt worden.

Zuzugeben ist allerdings, daß die einseitige Hervorhebung der Geldinteressen vielfach die Gesinnungen des Eigennutzes und des Materialismus nährte; daß sich hinter dem Rufe, welcher den Staat in Unthätigkeit setzen wollte durch die Annahme eines nackten Rechtsbegriffes, die Neigung verbarg, das jeweilige gesellschaftliche Uebergewicht des großen Kapitals in England über die arbeitende Klasse noch mehr zu stärken.

Um aber gerecht zu sein, darf man bei der Würdigung dieser sogenannten M a n c h e s t e r l e u t e [1] zweierlei nicht vergessen. Ihre Lehre war das natürliche und wohlthätige Gegengewicht |23| gegen die Verirrungen der französischen Socialisten[2], die den Staat in alles hineinziehen, durch ihn alle Besitzverhältnisse gewalt-

---

[1] *Das Schlagwort vom „Manchestertum" oder den „Manchestermännern" stammt von Ferdinand Lassalle. Franz von Holtzendorff reagiert hier eher auf ein in Deutschland verbreitetes Bild der „Manchester School" und weniger auf deren tatsächliche Anhänger.*

[2] *Zu nennen wären etwa Charles Fourier, Louis Blanc oder Etienne Cabet.*

sam regeln wollten. Nächstdem[1] erkannten jene Männer zuerst die Wichtigkeit der wirthschaftlichen Selb-
ständigkeit der Massen für die Entwickelung der politischen Freiheit. Die natürliche Freiheit des Erwerbes
war in ihren Augen die Basis aller höheren geistigen
Entwickelung.

Gerade diese Wahrheiten verkündete Cobden mit
unermüdlichem Eifer. Er hatte gezeigt, daß er den
Gelderwerb nicht obenan stellte, wenn es geistigen
Gütern galt. Neben die Freiheit des wirthschaftlichen
Erwerbens und über dieselbe setzte er die menschlich
schwerste Pflicht das Erworbene nicht dem Genusse,
sondern dem Wohle Anderer, den höchsten sittlichen
Gütern unterzuordnen. Nicht der Materialismus, sondern der Idealismus war für ihn das Ziel der wirthschaftlichen Freiheit. Den Gelderwerb, der nur dem
Eigennutze, dem äußeren Wohlleben und der Aufspei-
cherung des Gewinnes zustrebte, verachtete er. Oftmals sprach er aus:

„Nicht das Geld verdient Achtung, sondern
der edle Gebrauch, den man davon macht."

Solche Auffassungen waren es, von denen aus er
die kriegerische Kabinetspolitik[2] und die Einmi-
schungsgelüste in die Angelegenheiten fremder Nationen bekämpfte[3]. Uebrigens war er weit davon entfernt,

---

[1] *unmittelbar darauf, gleich danach.*

[2] *Politik der Exekutive an der Legislative vorbei, dies wird von
Leuten wie Richard Cobden als ein Grund für die vielen Kriege
angesehen.*

[3] *Richard Cobden vertrat das Prinzip der Nichteinmischung in die*

einen Vertheidigungskrieg der Angegriffenen zu verdammen. Im Gegentheil sprach er wiederholentlich im Parlamente seine Bereitwilligkeit aus, jede irgendwie denkbare Summe zu bewilligen für den Fall, daß England angegriffen werden sollte.

Thöricht war hingegen in seinen Augen die plötzliche Invasionsfurcht, welche die Engländer zu Anfang der fünfziger Jahre befallen hatte[1] und sogar von dem Herzog von Wel-[24]-lington[2] getheilt wurde. Völlig unnöthige Ausgaben wurden damals zu Festungsanlagen an der englischen Südküste bewilligt und man erreichte nichts anderes, als daß mit jeder Vermehrung der englischen Streitkräfte zur See eine entsprechende Steigerung der französischen Wehrkraft eintrat, schließlich also immer das gegenseitige Verhältniß der Militärmacht dasselbe blieb. Jene plötzliche Franzosenfurcht der Engländer konnte nach Cobden's richtiger Ansicht nur dazu führen, die Achtung des Auslandes zu vermindern. Er wenigstens hegte das Vertrauen in die mündig gewordene Kraft eines freien Volkes,

---

Angelegenheiten anderer Staaten.

[1] *Nachdem Napoleon III. zum Präsidenten der französischen Republik gewählt worden war (1848-1852) und sich an die Macht geputscht und zum französischen Kaiser gemacht hatte, kamen Erinnerung an einen Onkel, Napoleon I., und dessen expansive Politik auf.*

[2] *Arthur Wellesley, 1. Duke of Wellington (1769–1852) war ein britischer Feldmarschall. Er siegt in der Schlacht von Waterloo gegen Napoleon.*

daß eine zweite Eroberung Englands[1] von den Küsten der Normandie aus unmöglich sein würde. Wenn jeder Engländer entschlossen sei, seine Pflicht zu thun, so werde aus jeder Hecke eine Festung werden.

Indem er nur diejenige Kriege als gerechtfertigt ansah, welche zur Ausrechterhaltung des nationalen Lebens geführt werden, war er weit davon entfernt, nur einseitige Geldinteressen zu beachten. Leider läßt es sich nicht verkennen, daß eine zahlreiche Klasse von Kapitalisten mit ihrer Gewissenlosigkeit die besten Geschäfte macht, sittliche Grundsätze überhaupt gar nicht anerkennt, rechtswidrige Regierungsacte[2] unterstützt, wenn nur Geld dabei zu verdienen ist, sogar dem Feinde im Kriege Waffen liefert, wofern dafür gute Bezahlung zu erlangen ist. Was nicht gerade Diebstahl oder Betrug ist, gilt als erlaubt, weil man sich mit der nichtswürdigen Rechtfertigung behilft, daß wenn man selbst nicht das vortheilhafte Geschäft mache, alsdann doch jedenfalls Andere dazu bereit sein würden. So ist es bekannt, daß dieselben englischen Kaufleute, welche ihre Beiträge zur Bekehrung der Heiden in Indien an Missionsgesellschaften zahlen, gleichzeitig die Götzenbilder in großen Massen fabriciren, welche einen vortheilhaften indischen Handelsartikel darstellen. Wenn man solche Leute hier und da als M a n c h e s t e r l e u t e bezeichnen [25] hört, so muß

---

[1] *Wilhelm der Eroberer (1027 oder 1028 bis 1087) war ab 1035 Herzog der Normandie und eroberte 1066 England, das er ab da als König Wilhelm I. regierte.*

[2] *Maßnahmen der Regierung.*

hervorgehoben werden, daß C o b d e n mit diesen nichts zu schaffen hatte. Die Großartigkeit und Tiefe seiner sittlichen und politischen Grundsätze bekundete sich in ihrem Gegensatze zum Geldspeculantenthum, als der Kaiser N i k o l a u s im Jahre 1850 eine Anleihe[1] von etwa 35 Millionen Thaler in England aufzunehmen suchte. Im Widerspruche mit denjenigen, welche die Anerbietungen[2] der russischen Regierung vortheilhaft fanden, erklärte C o b d e n öffentlich in einer Versammlung:

„Jedes Anlehen, das einer fremden Macht gewährt wird zu dem Zwecke, um in militärischen Rüstungen oder Kriegsvorbereitungen verausgabt zu werden, heißt G e l d verschwenden und für alle reproduktiven Zwecke vernichten, gerade so, als ob es auf den atlantischen Ocean geschafft und dort ins Wasser geworfen würde. Und ich mache keinen Unterschied, ob die Zinsen prompt bezahlt werden oder nicht; denn wenn dieselben vom Kaiser von Rußland bezahlt werden, so geschieht dies nicht aus dem Ertrage eines auf produktive Arbeit verwendeten Kapitals, sondern sie müssen erpreßt werden von der Arbeit, dem Fleiße und dem Elend des Volkes. Ich behaupte, daß jene Anleihe gesucht wird für den Zweck, den Ehrgeiz und die

---

[1] *In der Zeit wird die Aufnahme von Mitteln am Markt zusammenfassend als „Anleihe" bezeichnet, während man heute eher die einzelnen Wertpapiere damit benennt, die im Rahmen einer solchen Anleihen begeben werden.*

[2] *Angebot, Offerte.*

blutdurstige Herrschsucht eines Despoten zu nähren, der alle Neigungen P e t e r ' s des G r o ß e n[1] und alle Eroberungsgelüste L u d w i g XIV.[2] besitzt, ohne den Genius[3] des Einen und den Reichthum des Anderen; und der seine Grundsätze auf einen großen Theil Europas anwenden möchte[4], indem er vergißt, daß das neunzehnte Jahrhundert an Stelle des siebzehnten getreten ist."

C o b d e n ' s Grundsätze waren der Art, daß er, was die äußere Politik betraf, nothwendiger Weise in einen Gegensatz [26] gerathen mußte, sowohl zu der englischen Regierung und den leitenden Staatsmännern als auch zu der großen Menge des englischen Volkes, des-

---

[1] *Peter I., der Große (1672-1725), war von 1682 bis 1721 Zar und Großfürst von Rußland und von 1721 bis 1725 der erste Kaiser des Russischen Reichs.*

[2] *Ludwig XIV. (1638-1715), genannt „der Sonnenkönig" war von 1643 bis zu seinem Tod König von Frankreich und Navarra.*

[3] *Genie; Genius war nach dem Glauben der alten Römer ein übermenschliches Wesen, welches einen Menschen durch das Leben begleiten und in innigem Zusammenhang mit dem geistigen Dasein desselben stehen sollte. Jeder Mensch hatte nach dieser Vorstellung seinen eigenen Genius. Hier bezogen auf ganze Völker.*

[4] *Der russische Zar hat eine starke Stellung, weil er nach der Revolution 1848 die anderen reaktionären Mächte wie Österreich und Preußen unterstützt, die zeitweise in Bedrängnis geraten waren. Außerdem hat Rußland zu der Zeit Ambitionen sich auf dem Balkan auszudehnen zu Lasten des Osmanischen Reiches.*

Richard Cobden

sen Urtheil in den meisten Fragen der auswärtigen Politik durch die Leidenschaften des Tages sehr leicht bestimmt wird. Daher erklärt es sich auch, daß Cobden's Auffassungen über die Friedenspolitik nur von Wenigen verstanden wurden und auf die öffentliche Meinung so gut wie gar keinen Einfluß ausübten.

Dieser Gegensatz offenbarte sich zunächst vor dem Ausbruch des Krimkrieges (1854[1]), den England und Frankreich gegen Rußland führten, um dessen Uebergriffe in die Hoheitsrechte des Sultans[2] abzuwehren. Nach der Darstellung eines hervorragenden englischen Geschichtsschreibers, Kinglake[3], ist es so gut wie gewiß, daß an diesem Kriege die Fehler des englischen Ministeriums[4] einen großen Theil der Verschuldung tragen, obwohl bekanntlich Lord Aberdeen[5] zu den entschiedensten Gegnern des Krieges mit

---

[1] *Der Krieg lief schon seit 1853, aber nur zwischen Rußland und dem Osmanischen Reich. Der eigentliche Krieg begann erst 1854, als Großbritannien, Frankreich und Sardinien auf Seiten der Türkei einstiegen.*

[2] *Herrscher des Osmanischen Reiches.*

[3] *Alexander William Kinglake (1809-1891) war ein englischer Staatsmann und Historiker. Sein Hauptwerk war "The invasion of the Crimea" über den Krimkrieg von 1853 bis 1856 (London 1863–75, 5 Bände; 6. Auflage 1883, 7 Bde.).*

[4] *Das „Ministerium" ist das, was man heute die preußische Regierung nennen würde.*

[5] *George Hamilton-Gordon, 4. Earl of Aberdeen (1784-1860) war ein konservativer Politiker und von 1852 bis 1855, zur Zeit des Krimkriegs, Premierminister von Großbritannien.*

Rußland zählte. Gerade der orientalische Krieg war eine Ausgeburt des Ehrgeizes, des religiösen Fanatismus, der Einmischungssucht, der Unklarheiten und wechselseitigen Irrungen. Wem entschieden am Kriege lag, das war damals der Kaiser der Franzosen[1]. Ihm schien es dringend erforderlich, die Erinnerung an das auf den Boulevards von Paris vergossene Blut[2], an die Deportation derjenigen Republikaner[3], welche eine beschworene Verfassung vertheidigt hatten, gleichsam chemisch aufzulösen in jene Ruhmsucht, die einen so wesentlichen Bestandtheil des französischen Volkscharakters ausmacht, und bereitwilligst sogar die von Despoten dargebotene Gelegenheit zur Selbstverherrlichung ergreift.

---

[1] *Louis-Napoléon Bonaparte (1808-1873) war der einzige Präsident der Zweiten Republik (1848–52) und als Napoleon III, Kaiser des Zweiten Kaiserreichs (1852–70).*

[2] *Gemeint ist der Staatsstreich vom 2. Dezember 1851 in Frankreich. Louis-Napoleon Bonaparte (später Kaiser Napoleon III.) war bis dahin Präsident der Republik. Da er nach der Verfassung nicht wiedergewählt werden konnte und demnächst hätte abtreten müssen, putschte er, um sich ein Jahr später zum Kaiser zu erklären. Dagegen kam es zu einer Rebellion vor allem in Paris. Napoleon ließ seine Gegner verhaften und schlug die Aufstände an den nächsten Tagen gewaltsam nieder, wobei etwa zweihundert Menschen ums Leben kamen.*

[3] *Die Aufständischen gegen den Staatsstreich von 1861, die die Republik verteidigt hatten, wurden in die überseeischen Gebiete von Frankreich deportiert, etwa nach Französisch-Guayana, zu welchem der „Archipel der Verdammten" mit der Teufelsinsel gehört. Dort gab es eine französische Strafkolonie, die von 1852 bis 1951 bestand.*

Richard Cobden

Cobden bekämpfte den orientalischen Krieg auf das Entschiedenste. Er war der Ansicht, daß die Opfer des Krieges den etwa zu erreichenden Resultaten in keiner Weise entsprechen [27] würden. Und in dieser Voraussage hat er sich allerdings nicht geirrt. Die Riesenflotte der Engländer, deren Heldenthaten so pomphaft von Lord Napier[1] angekündigt wurden, führte zwar einige Beschießungen aus; aber die verheißene Einnahme von Kronstadt[2] erfolgte nicht; selbst die Beschießungen von Sveaborg[3] und Sebastopol[4] trugen zur Entscheidung des Krieges außerordentlich wenig bei. Im Landkriege traten die Engländer zwar nicht hinsichtlich ihrer Tapferkeit, aber doch wegen ihrer Minderzahl in den Hintergrund. Den Franzosen fiel die Palme beim Sturme von Sebastopol[5] zu. Im Frie-

---

[1] *Sir Charles John Napier (1786-1860) war ein britischer Marineoffizier. Er wurde kurz vor dem Ausbruch des Krimkriegs zum Oberbefehlshaber der britischen Flotte in der Ostsee ernannt und lief bereits am 11. März 1854, vor der britischen Kriegserklärung, in die Ostsee aus, um russische Häfen zu blockieren. Da die russische Flotte sich nicht zum Kampf stellte, wurden in den folgenden Wochen Werften und Häfen in Finnland beschossen.*

[2] *Kronstadt ist eine Stadt und frühere Festung auf der Ostseeinsel Kotlin vor Sankt Petersburg in Rußland.*

[3] *Schwedischer Name von Suomenlinna, einer im 18. Jahrhundert entstandenen Festung, die auf mehreren miteinander verbundenen Inseln vor der finnischen Hauptstadt Helsinki liegt.*

[4] *Sewastopol ist die größte Stadt auf der Halbinsel Krim.*

[5] *Die Belagerung von Sewastopol im Zuge des Krimkrieges dauerte von 1854 bis 1855. Nach der elfmonatigen Belagerung war*

densschlusse zu Paris (1856), welcher jenen Krieg beendigte, mußte England, indem es auf die bisher behaupteten Rechtsgrundsätze gegen die Neutralen im Seekriege[1] verzichtete, mindestens ebenso viel aufopfern wie die besiegten Russen. England fühlte, daß es seinerseits zum Glanze des französischen Kaiserthrones beigetragen, und daß die sogenannte orientalische Frage durch einen fast dreijährigen Krieg nicht endgültig gelöst, sondern nur vertagt worden sei.[2]

Die wenigen Engländer, die mit dem Friedensschlusse zufrieden sein durften, waren C o b d e n, sein Freund S t u r g e[3] und die Friedensapostel[1]. Ihnen

---

die Stadt bei der Einnahme am 8. September 1855 nur noch ein Trümmerhaufen. Die russischen Truppen hatten zudem die gesamte Flotte versenkt.

[1] Der Pariser Frieden beendete am 30. März 1856 den Krimkrieg. In einem Protokoll vom 16. April 1856 wurde dabei die Kaperei abgeschafft, ein wichtiger Teil der britischen Kriegsführung bis dahin. Danach sollte der Angriff auf Schiffe unter neutraler Flagge unzulässig sein, wenn sie kein Kriegsmaterial geladen hatten.

[2] Das liegt zur Zeit der Rede von Franz von Holtzendorff noch in der Zukunft, aber tatsächlich kommt es von 1877 bis 1878 zu einem weiteren Krieg zwischen Rußland und dem Osmanischen Reich.

[3] Joseph Sturge (1793-1859) war ein englischer Quäker (Society of Friends) und Sklavereigegner. Er gründete die "British and Foreign Anti-Slavery Society". Er war auch an der Gründung der „Society for the Promotion of Permanent and Universal Peace" beteiligt. 1854 reiste er mit anderen Quäkern nach Sankt Petersburg um Zar Nikolaus I. zu treffen und den Krimkrieg zu ver-

ward[2] die moralische Genugthuung, daß man auf dem pariser Friedenscongreß auf Antrag der Friedensfreunde und Dank den persönlichen Bemühungen von Sturge jene Clausel annahm, der zu Folge streitende Staaten vor der bewaffneten Geltendmachung ihrer Ansprüche die Vermittlung unbetheiligter Mächte nachsuchen sollen. Obwohl diese Festsetzung gerade in den drei nächstfolgenden Kriegen in Italien[3] (1859), Dänemark[4] (1864) und Deutschland[5] (1866) außer Acht gelassen wurde, so war es immerhin als ein Er-

---

hindern.

[1] Vor allem die Mitglieder der „Society for the Promotion of Permanent and Universal Peace".

[2] wurde zuteil.

[3] Der Sardinische Krieg oder auch Zweiter Italienischer Unabhängigkeitskrieg war einer der drei Italienischen Unabhängigkeitskriege. Er wurde 1859 zwischen dem Kaisertum Österreich und dem Königreich Sardinien und dessen Verbündetem Frankreich unter Napoléon III. geführt.

[4] Im Deutsch-Dänischen Krieg vom 1. Februar bis zum 30. Oktober 1864 standen sich Dänemark einerseits, Preußen und Österreich andererseits gegenüber. Es ging dabei um Schleswig-Holstein, insbesondere um das Herzogtum Schleswig, das zu Dänemark gehört hatte.

[5] Der Deutsche Krieg von 1866 fand zwischen dem Deutschen Bund unter der Führung Österreichs statt, allerdings verbündet nur mit den süddeutschen Staaten, sowie auf der anderen Seite dem Königreich Preußen mit seinen Verbündeten in Norddeutschland und dem Königreich Italien.

folg anzusehen, daß die friedliche Entwickelung der europäischen Staatengesell-[28]-schaft als das anzustrebende Ziel der Völkergemeinschaft hingestellt wurde.

Selbst wenn man von Cobden's Ansicht über den orientalischen Krieg und die Antheilnahme Englands an demselben erheblich abweicht, wird man zugeben müssen, daß der Erfolg nicht denjenigen Erwartungen entsprach, die England selbst gehegt hatte. Nicht ganz ohne Grund datirt man ein bemerkbares Sinken des englischen Einflusses auf dem Continent von dem Ausgange des orientalischen Krieges. Das Unzureichende der englischen Landmacht für die Verfolgung selbständiger politischer Ziele auf dem Continent hatte sich deutlich gezeigt, und man gewöhnte sich seitdem daran, den Drohungen des englischen Cabinets eine geringere Bedeutung beizumessen.

Nicht allzu lange Zeit nach der Beilegung des orientalischen Krieges machte England noch einmal gemeinschaftliche Sache mit den Franzosen; allerdings gegen einen Feind, der mit den Russen in keiner Weise an Macht verglichen werden konnte. Ein an und für sich unbedeutender Zwischenfall in dem Hafen von Canton[1] hatte Lord Palmerston veranlaßt, kurzweg kriegerische Gewaltthätigkeiten gegen China zu ver-

---

[1] *Anfang 1857 kamen Nachrichten aus China an, daß es zu einem Bruch zwischen dem britischen Bevollmächtigten in der Provinz Canton (heute: Guangdong in China) gegeben hatte wegen eines kleinen Schiffs, der "Arrow". Die britische Flotte bombardierte deshalb Canton (Guangzhou). Cobden brachte die Vorgänge vor das Unterhaus. In einer viertägigen Debatte erlitt Premierminister Lord Palmerston eine Niederlage.*

ordnen. Auch diesen Kampf und das ganze Beginnen[1] Palmerston's verurtheilte Cobden auf das Entschiedenste. Er stellte den Antrag: eine Untersuchung des zu Canton Vorgefallenen eintreten zu lassen und sprach damit ein Mißtrauensvotum gegen die Urheber des Geschehenen aus. Zwar erhielt dieser Antrag die Mehrheit, welche sich aus dem Zusammenwirken rnehrerer Parteien, namentlich der Tories und der Manchesterpartei ergab; allein eine in Folge der Annahme bewirkte Parlamentsauflösung ergab für Lord Palmerston, dessen Name auf die Engländer einen unwiderstehlichen Zauber ausübte, eine Majorität. Die hervorragendsten Staatsmänner, insbesondere der berühmteste [29] unter den gegenwärtigen Völkerrechtsschriftstellern in England, R. Phillimore[2], hatten dem Antrage Cobdens zugestimrnt. Eine spätere Zeit wird richten, ob er oder die damalige Mehrheit im Rechte war.

Für den Augenblick hatte Cobden sogar seine Popularität beim englischen Volke eingebüßt. Er und seine Freunde Bright und Gibson[3] verloren ihre Sitze im englischen Parlament und wurden wegen ihres Widerspruches gegen die Politik Lord Palmerston's nicht wieder gewählt.[4]

---

[1] *wie er die Angelegenheit angefangen hatte.*

[2] *Joseph Phillimore (1775-1855) war ein englischer Rechtsanwalt und Politiker.*

[3] *Thomas Milner Gibson (1806-1884) war ein britischer Freihändler und Politiker.*

[4] *Cobden zog sich auf sein Gut Dunford House zurück und küm-*

Somit schließt eine zweite Periode in Cobden's öffentlichem Leben. Der Mann, welcher zehn Jahre zuvor auf dem Gipfel der Beliebtheit gestanden hatte, war trotz seiner allgemein anerkannten Bedeutung vom Volke selbst der Gelegenheit zu weiterer Wirksamkeit beraubt worden. Hatte Cobden deswegen irgend etwas von seinem persönlichen Werthe verloren? Unsere weitere Darstellung wird darauf antworten. Hier sei nur bemerkt, daß die wahre Größe des politischen Charakters sich in der Kraft bewährt, aus Ueberzeugung selbst denjenigen zu widerstehen und entgegenzutreten, zu denen uns der allgemeine Zug des Herzens und Geistes hinzieht. Am ehrwürdigsten sind daher in der Geschichte diejenigen Volksmänner, welche den augenblicklichen Launen und Verirrungen, den Unüberlegtheiten und Leidenschaften der Masse zu rechter Zeit Widerstand leisteten. Wie die erhebendsten Kunstwerke der Architektur, damit ihre Schönheit von allen Seiten erfaßt werden könne, auf weiten Plätzen freigelegt werden müssen, so verlangt die Größe politischer Charaktere, zu ihrer Erkenntniß und Würdigung, zu ihrer Wirksamkeit auf Andere die Freiheit und Unabhängigkeit gegen Alle. Wohin man immer in der Geschichte blicke, es zeigt sich klar: Aristokratien können keine großen Staatsmänner erzeugen, ohne daß diese männlichen Stolz und uner-

---

merte sich um seine Schweine und Schafe. In einem Brief an John Bright vom 22. September 1857 schrieb er über die öffentlichen Meinung in Großbritannien zu der Zeit: "Leave me, then, to my pigs and sheep, which are not labouring under any such delusions..." [Laß mich bei meinen Schweinen und Schafen, die nicht unter solchen Wahnvorstellungen leiden ...]

schütterliche [30] Festigkeit gegen den Monarchen entfalten; in Demokratien haben nur Diejenigen persönliche Würde, welche selbst einer zürnenden Volksmenge aus Ueberzeugungstreue trotzen können.

Cobden hatte seine unfreiwillige Muße zu einer Reise nach Amerika benutzt. Die Verhältnisse dieses Landes waren ihm schon früher genau bekannt geworden. Wie richtig er über die große transatlantische Republik urtheilte, und wie er auch hier der Tagesströmung in England widerstand, ergab sich aus seiner stets und offen erklärten Ueberzeugung, daß die Sclaverei ausgerottet werden müsse, und daß von den Nordstaaten in ihrem Kampfe gegen den aufständischen Süden die Sache der Gesittung und Cultur vertheidigt werde[1]. Wäre Cobden ein einseitiger und beschränkter Freihändler gewesen, so würde er einfach darnach geurtheilt haben, daß die Südstaaten von jeher die Grundsätze des Freihandels, die Nordstaaten der Union bei ihren stärkeren industriellen Interesssen die Politik der Schutzzölle vertheidigt hatten. Und in der That ließ sich die Mehrzahl der Engländer bei ihrer Beurtheilung des amerikanischen Bürgerkrieges von derartigen äußerlichen Rücksichten leiten. Man berechnete, daß bei einer Trennung der Union England den Nordamerikanern den Rang auf dem Markte der Südstaaten ablaufen werde.

Selbst den weiteren Verlauf der amerikanischen Angelegenheiten, die lange Zeit hindurch für die schärfsten Beobachter unerforschlich geworden wa-

---

[1] *der Moral und Zivilisation.*

ren, sagte Cobden mit größter Bestimmtheit voraus. Keinen Augenblick zweifelte er an der Ueberlegenheit des Nordens. Er behauptete gegen den Widerspruch der englischen Presse, daß der Süden unterliegen würde, sobald dessen Armeen von den für die moderne Kriegsführung wichtigen, für Amerika unentbehrlichen Stützpunkten großstädtischer Waffenplätze abgeschnitten sein würden. Die Bedeutung der [31] wirthschaftlichen und handelspolitischen Sammelpunkte richtig erkennend, sah er in dem Verlust von New-Orleans[1], Vicksburg[2], Savannah[3], Charlestown[4], in der Abschneidung jeder Eisenbahnlinie ebenso viel tödtliche Streiche[5] gegen den Süden; eine Auffassung, in der ihn das zeitweise Mißgeschick der nordländischen Armeen niemals beirrte. Während man ziemlich allgemein in England glaubte, daß selbst die entschiedenste Niederlage der aufständischen Hauptarmee den Bürgerkrieg nicht beendigen, sondern unter veränderter Form eines nicht zu beendigenden Ban-

---

[1] *Im Jahre 1862, also recht früh im Amerikanischen Bürgerkrieg, der von 1861 bis 1865 dauerte. Dies sind zum Zeitpunkt der Rede 1866 noch recht aktuelle Ereignisse.*

[2] *Belagerung von Vicksburg im Jahre 1863.*

[3] *Im Dezember 1864 erreichte General Sherman das Meer bei Savannah auf seinem „march to the sea".*

[4] *Vermutlich ist die Schlacht um Fort Sumter (vom 12. bis 14. April 1861) gemeint, das nahe Charleston in South Carolina liegt.*

[5] *Schläge mit einer Klinge.*

denkrieges fortpflanzen werde, schrieb Cobden unter dem 5. Februar 1865 an den amerikanischen Gesandten in Kopenhagen, daß die Räumung von Richmond in Virginien[1] der Untergang der Secession sein würde.

Zwei Jahre hindurch blieb Cobden ohne Sitz im Parlament. Als er 1859 nach England zurückkehrte, ward ihm eine doppelte Genugthuung zu Theil. Die Stadt Rochdale[2] hatte ihn, ohne jegliche Bewerbung, von Neuem gewählt. Sein Gegner selbst, Lord Palmerstom bot ihm einen Sitz im Ministerium[3] und das Präsidium des Handelsamtes an.

Cobden ging darauf nicht ein. Er wußte, daß sein Einfluß wesentlich auf der Freiheit seiner Stellung und auf der Rückhaltlosigkeit seiner Grundsätze beruhe; daß sein ganzes Wesen zu der Politik Lord Palmerston's niemals stimmen würde. Die ihm angetragene Ehre ablehnend, bemerkte er ehrlich genug seinem Gegner ins Gesicht, daß er dessen Politik als eine Gefährdung englischer Interessen betrachte. Daß Cobden darin Recht hatte, zeigte sich noch einmal in bemerkenswerther Weise. Die voreiligen und aufreizenden Einmischungsversuche der englischen Regierung in die

---

[1] *Richmond, die Hauptstadt der Südstaaten, ergab sich am 2. April 1865.*

[2] *Rochdale ist eine Stadt im Nordwesten von England, die heute zum Metropolitan County Greater Manchester gehört.*

[3] *Das „Ministerium" ist das, was man heute die preußische Regierung nennen würde.*

schleswig-holsteinische Angelegenheit[1], die blinde Parteinahme für Dänemark verschuldeten nicht nur eine wahrnehmbare Entfremdung zwischen Deutsch-[32]-land und England, sondern. verminderten nochmals den Einfluß der englischen Continentalpolitik. Vor seinen Wählern in Rochdale erkannte Cobden an, daß die diplomatische Niederlage des englischen Cabinets in der deutsch-dänischen Angelegenheit wohl verschuldet und wohl verdient war.

Kurze Zeit, nachdem Cobden aus Amerika zurückgekehrt war, ging er an die Lösung einer neuen und höchst schwierigen Aufgabe. Nicht nur der englische Großhandel auch die Staatsregierung Großbritanniens wünschte die Beziehungen zwischen den beiden westeuropäischen Großmächten[2] durch Erleichterung des Verkehrs enger zu knüpfen. So wenig Cobden geneigt gewesen war, seine Person in die Staatsleitung Lord Palmerston's zu verflechten, so bereitwillig ließ er sich finden, der Regierung diejenigen Dienste zu erweisen, deren Vortheil dem ganzen Lan-

---

[1] *Großbritannien stellte sich zunächst auf die Seite Dänemark, auch im Sinne einer Politik des "Gleichgewichts der Mächte", bei der man jeweils den Schwächeren gegen den Stärkeren unterstützte, um so keine Macht zu stark werden zu lassen. Ein großes Interesse an der Frage selbst gab es nicht. Lord Palmerston äußerte sich einmal so dazu: "Only three people have ever really understood the Schleswig-Holstein business—the Prince Consort [der Ehemann von Queen Victoria], who is dead—a German professor, who has gone mad—and I, who have forgotten all about it."*

[2] *Großbritannien und Frankreich.*

de zu Gute kommen sollte, und seinen eigenen Ueberzeugungen entsprach. Jm Auftrage des englischen Cabinets begab sich Cobden nach Paris, um über den Abschluß eines Handelsvertrages zu verhandeln. Diese Aufgabe gehörte. zu den allerschwierigsten.

Das Princip, im Wege vertragsmäßiger Vereinbarung die Zollsätze zu normiren[1], war in England selbst von vielen Seiten angefochten. Man erinnerte dagegen[2], daß sich die Gesetzgebung ihrer freien Bewegung und des Fortschreitens begäbe, wenn sich der Staat in Beziehung auf den Zolltarif gegenüber auswärtigen Mächten binde. Selbst die Anhänger des Freihandels hegten derartige Besorgnisse. Größer als diese abstrakten Bedenken war der Widerstand, den man von Seiten Frankreichs zu besorgen hatte[3]. Eine an Zahl und Einfluß bedeutende Partei klammerte sich, um eine sogenannte nationale Industrie zu schützen, an die hohen Sätze des französischen Tarifs[4]. In allen anderen Dingen bis zur Unterwürfigkeit nachgiebig, hatte diese Partei [33] selbst im gesetzgebenden Körper[5] ihre Neigung zum Widerstande bekundet. Die Vorsicht

---

[1] *festlegen.*

[2] *wandte dagegen ein.*

[3] *der Widerstand von Seiten Frankreichs, vor dem man Sorgen haben mußte.*

[4] *Zölle.*

[5] *Der Kaiser von Frankreich und seine Regierung waren nach der Verfassung von 1851/1852 nicht der Nationalversammlung gegenüber verantwortlich.*

gebot, die Verhandlungen geheim zu halten. So kam es denn, daß nur wenige Personen in der unmittelbaren Umgebung des französischen Kaisers von den Zielen wußten, denen die Anwesenheit Cobden's in Paris galt. Napoleon III., Cobden und Michel Chevalier[1] unterhandelten in aller Stille über die einzelnen Festsetzungen. Es galt hierbei eine ungeheure Arbeit zu bewältigen, die Statistik der einzelnen Handelszweige zu studiren, die voraussichtlichen Erfolge veränderter Zollsätze vorauszuberechnen, Vortheil und Nachtheil gegen einander abzuwägen, gegenseitige Zugeständnisse auszugleichen, bestehende Interessen gegen zu plötzlichen Wechsel und zu schnelle Uebergänge zu schirmen, jeden Grund zu ernsten Beschwerden zu vermeiden. Eine solche Arbeit ist unter allen Verhältnissen schwierig; doppelt schwierig aber dann, wenn zwei Nationen, deren Zollgesetzgebung so verschieden war, wie diejenige Englands und Frankreichs, einander genähert werden sollen.

Das große Werk gelang. Der englisch-französische Handelsvertrag, dessen Zustandekommen einen Abschnitt in der westeuropäischen Handelspolitik einleitete[2], wurde von Cobden im Aufträge der Königin unterzeichnet. Die alten Schranken französischer Einfuhrverbote wurden niedergerissen. Neue Marktplätze

---

[1] *Michel Chevalier (1806-1879) war ein französischer Ökonom und Freihändler.*

[2] *Der Cobden-Chevalier-Vertrag von 1860 war das Vorbild für zahlreiche Verträge zwischen den europäischen Staaten, mit denen viele Zölle reduziert und teilweise ganz abgeschafft wurden.*

eröffneten sich beiden Ländern. Gegenseitige Anerkennung und gegenseitiges Bedürfniß des Austausches wuchsen. Die Aussöhnung des nationalen Hasses nach einer fast jahrtausendlangen Gegnerschaft auf den Schlachtfeldern, wurde eingeleitet. Frankreich lernte englische Festigkeit, England französischen Geschmack in höherem Maße schätzen. Als der fünfzigjährige Jahrestag der Schlacht von Waterloo[1] herannahte, faßte man den Entschluß, ein Verbrüderungsfest zwischen englischen und französi-[34]-schen Arbeitern zu feiern. Die Enkel eines auf den Tod verfeindeten Geschlechtes reichten sich die Hand.

Selbst die Befürchtungen, welche die großen französischen Fabrikanten an den neuen Handelsvertrag geknüpft hatten, wurden durch die Erfahrung sehr bald widerlegt. Frankreich, das 1859 für 869 Millionen Francs[2] Waaren nach England ausgeführt hatte, steigerte seinen Export 1863 auf 1,392 Millionen. Nicht einmal die Befürchtung, daß die französische Baumwollen- und Wollen-Industrie durch die englische Mitbewerbung[3] vernichtet werden würde, hielt Stand. Nachdem der Handelsvertrag in Wirksamkeit getreten war, versendete Frankreich für 95 Millionen Francs

---

[1] *Die Schlacht bei Waterloo fand am 18. Juni 1815 statt und war der entscheidende Sieg über Napeleon, durch den dessen Herrschaft letztlich beendet wurde.*

[2] *Ein Franc entspricht später 0,80 Mark oder in der Zeit etwa gut einem Viertel Taler. Eine grobe Größenordnung für die Kaufkraft läge etwa in der Größenordnung von 12 bis 15 Euro.*

[3] *Konkurrenz.*

Wollenzeuge und für 11 Millionen Baumwollenstoffe nach England, um von dorther von denselben Stoffen eine Einfuhr im Werthe von 23 Millionen und beziehungsweise 7 Millionen zu empfangen Gegen einige Erzeugnisse Englands behielt freilich die französische Regierung nach wie vor eine starke Abneigung. Englische Zeitungen wurden von Zeit zu Zeit confiscirt. Auch hatte Frankreich kein Verständniß für parlamentarische Freiheit.[1]

Von einem Theile der englischen Presse hatte indessen auch Cobden eine sehr geringe Meinung. Je weniger er selbst Anstoß daran nahm, seine Ueberzeugung selbst im Widerstreite zur jeweiligen öffentlichen Meinung auszusprechen, desto verächtlicher erschienen ihm diejenigen Tagesschriftsteller, welche die Kunst verstehen, ihre Ansichten im rechten Augenblicke zu ändern und morgen dasjenige zu schmähen, was heute gerühmt wurde. Jene Presse, welche aus der Grundsatzlosigkeit ein Geschäft macht, schien ihm mit Recht verderblich. Seine Geringschätzung gegen das angesehenste der englischen Tagesblätter, die Times[2], beruhte auf solchem Grunde. Als er in Paris verweilte, verbat er sich deren weitere Zusendung von England. [35] Voll edlen Zornes über das wetterwendi-

---

[1] *Die Nationalversammlung spielte im Zweiten Kaiserreich nur eine sehr untergeordnete Rolle.*

[2] *Die "Times" ist eine englische Tageszeitung, die seit dem 1. Januar 1785 erscheint. In der Zeit hat sie eher eine konservative Ausrichtung und steht Leuten wie Richard Cobden kritisch gegenüber.*

sche[1] und oftmals verläumderische Wesen dieser Zeitung, erklärte er, dieselbe in seinem Arbeitszimmer nicht dulden zu wollen. —

Cobden kehrte heim. Zum zweitenmale gipfelte der Ruhm Cobdens unter seinen Landsleuten empor. Das Parlament und die Räthe der Krone[2] erkannten an, daß er sich durch den Abschluß des Handelsvertrages um das Vaterland verdient gemacht hatte. Den ihm von der Königin angetragenen Rittertitel schlug er aus.

Durch die angestrengteri Arbeiten der dem Abschluß des Handelsvertrages vorangegangenen Jahre war seine Gesundheit erschüttert worden. Nur mit Vorsicht und Zurückhaltung konnte er an den Verhandlungen des Parlaments Theil nehmen. Eine seiner letzten, am 22. Juli 1864 gehaltene, Reden wendete sich gegen die industriellen Unternehmungen der englischen Regierung. Er bewies darin, daß auf derjenigen Stufe wirthschaftlicher Entwickelung, welche England erreicht hatte, die Regierung die Materialien für ihre Magazine, die Ausrüstung ihrer Werfte und die Erbauung ihrer Fahrzeuge durch Privatpersonen besser und billiger erhalte, als durch Anstellungswesen[3] und Be-

---

[1] *sein Fähnchen in den Wind haltend, mit den Stimmungen mitgehend.*

[2] *"Her Majesty's Most Honourable Privy Council", auf Deutsch: (Geheimer) Kronrat, ist ein politisches Beratungsgremium des britischen Monarchen.*

[3] *Im Sinne von Angestellten des Staates. Cobden kritisierte die Verschwendung in den Staatsbetrieben.*

amtenthum. Gegen den Herbst des Jahres 1864 verschlimmerte sich eine Krankheit der Athmungswerkzeuge, deren Ursprung in häufigen und längeren Reden gesucht wurde. Zum letztenmale sprach Cobden öffentlich am 23. November 1864. Gegen den Rath seiner Aerzte hatte er sich zu seinen Wählern nach Rochdale begeben, um diesen einen Bericht über seine parlamentarische Wirksamkeit vorzutragen. Ernstlich krank kehrte er heim, um den Winter im Zimmer zuzubringen. Ungeduld und Thätigkeitstrieb entfremdeten ihn indessen auch diesem Vorsatze. Um bei einer wichtigeren Parlamentssitzung zugegen zu sein, begab er sich im März ins Freie. Die Folge dieser Unvorsichtigkeit war ein heftiger Rückfall. [36] Am Sonntagmorgen, den 2. April 1865, verstarb Richard Cobden. Selbst für seine nächsten Freunde unerwartet, stürzte sein Tod eine ganze Nation in Trauer.

Selten hatte eine Nation soviel Grund zu gerechter Trauer, wie bei dem Dahinscheiden Cobden's. Auf ihn paßte, was er selbst früher bei dem Tode seines Freundes Bastiat gesagt hatte:

„Der Tod eines solchen Mannes unter solchen Umständen erweckt Betrübniß im vollen Maße, aber er ertheilt auch eine erhebende Lehre. Der Vorgang seines Todes giebt den Grundsätzen, die er verkündete, Nachdruck. Das Volk, unter dem er lebte und für dessen Aufklärung und Gedeihen er arbeitete, wird um so mehr einsehen, welche Wohlthaten es ihm verdankt, wie viel mehr er war, als manche Männer, die ein falscher Begriff von Ruhm zu Ehren gebracht hat.“

Richard Cobden

Cobden war eine Natur, in der die seltensten Eigenschaften des menschlichen Geistes mit einander vereinigt waren. Er hatte Tugenden, die neben einander gleichsam unverträglich zu sein pflegen; er besaß die schärfste und klarste politische Einsicht neben der größten Einfachheit des Herzens. Die größte Zuversicht seiner persönlichen Geltung paarte sich mit einer in die Augen fallenden Bescheidenheit und Zuvorkommenheit. Als ich in meiner Jugend mit meinem Vater[1] London besuchte, und wir ohne Empfehlungsbriefe ihn aufsuchten, ertrug er nicht nur die Unterbrechung seiner Studien mit einer Güte, die bei bedeutenden Männern selten ist, sondern er fand Zeit, uns in die Verhandlungen des englischen Unterhauses einzuführen. Er, der an dem Tische des mächtigsten Monarchen Europas als Vertreter Englands gearbeitet, stand nimmer an[2], in Arbeiterversammlungen belehrend zu wirken. Ein Engländer an Energie und Ausdauer in der [37] Verfolgung eines einmal gewählten Zieles, besaß er doch jenes Interesse an allgemein menschlichen Dingen, jenes Verständniß für die höchsten Aufgaben allgemeiner Natur, welche gerade in England am seltensten zu finden sind. Seine Person enthielt gleichsam die Verschmelzung der nationalen mit den kosmopolitischen Elementen der heutigen Cultur. Daher erklärt es sich, weswegen sein Tod weit über die Grenzen der Heimath hinaus beklagt wurde. Amerika sandte die Zeichen seiner Trauer, der Kaiser der Franzosen verordnete die Aufstellung seines

---

[1] *Franz von Holtzendorff (1804-1871).*

[2] *nahm keinen Anstand daran.*

Franz von Holtzendorff

Brustbildes in den Gängen von Versailles, deutsche Landtage ehrten sein Andenken, selbst der Fürst Serbiens that, was in seiner Art gewiß gut gemeint war, indem er auf seine Kosten Messen für das Seelenheil des Verstorbenen lesen ließ. Das schönste Zeugniß erhielt Cobdens Wirken im englischen Parlament selbst. Die Führer aller Parteien, zumeist seine Gegner, bekundeten ihren Schmerz um den Dahingeschiedenen. Es zeigte sich, daß Cobden keinen Groll mit ins Grab nahm; es zeigte sich, daß in England zwischen gegnerischer Meinung und persönlicher Feindschaft eine weite Kluft liegt[1]. So ward ihm zu Theil, was schwer zu erringen ist: die aufrichtig und rückhaltlos dargebrachte Verehrung grundsätzlicher Gegner. Und doch hatte Cobden niemals aus Klugheit geschwiegen, wo die Wahrheit sein Gewissen zu reden trieb. Die Erhabenheit seines Wesens wurzelte in dem Adel[2] der Gesinnung, als einer Frucht eigener geistiger Arbeit, die ihn aus niederem Stande in einem wesentlich aristokratischen Gemeinwesen zum höchsten Range politischer Bedeutung emporgehoben hatte. Der beste Maßstab wahrhaft menschlicher Größe ist die Stärke des Pflichtgefühls die Fähigkeit der Aufopferung, die volle Hingabe der Person an die höchsten Aufgaben

---

[1] *Franz von Holtzendorff hält die Rede 1866, zu einer Zeit, als noch der Preußische Verfassungskonflikt ausgetragen wird. Oppositionelle werden von der Regierung als Staatsfeinde behandelt und je nachdem aus ihren Ämtern entlassen und anderweitig persönlich schikaniert.*

[2] *Würde. Richard Cobden war antiaristokratisch eingestellt und lehnte eine Adelung ab, als sie ihm angeboten wurde.*

des Gemeinwesens. An diesem Maßstab gemessen, gehört Cobden zu den hohen Naturen. Er vereinbarte sich nie [38] mit Zweckmäßigkeitsrücksichten niedriger Art. Der Einfluß, den er übte, entstammte vor allen Dingen dem unbedingten Zutrauen in die unerschütterliche Ueberzeugungstreue, als die Quelle seines Handelns, und es war der Feldherrnstab großer Wahrheiten, mit dem er die Massen lenkte. Das Leben eines solchen Mannes zu erfassen, ist nicht blos eine Aufgabe des Geschichtsschreibers, nicht nur die Erforschung der Vergangenheit, es ist auch Belebung unserer eigenen Person, fortwirkende Befruchtung der Zukunft!

Die Psychologie des Mordes

Kommentierte Ausgabe bei Libera Media

Im Jahre 1875 beschäftigt sich Franz von Holtzendorff, einer der führenden Juristen seiner Zeit, mit der Frage, ob die Unterscheidung zwischen „Mord" und „Totschlag" im deutschen Recht angemessen ist.

Dabei diskutiert er die verschiedenen Motivationen und Arten von Tötungsdelikten, etwa politische Morde oder Morde aus religiösem Fanatismus.

Zugleich ist die Schrift auch eine Zusammenfassung von Ergebnissen aus Franz von Holtzendorffs Buch von 1875 „Das Verbrechen des Mordes und die Todesstrafe" (Neuausgabe bei Libera Media), in dem er seine Argumentation gegen die Todesstrafe entwickelt.

Auch fürs Kindle verfügbar.

Die Auslieferung der Verbrecher und das Asylrecht

Kommentierte Ausgabe bei Libera Media

Im Jahre 1881 beschäftigt sich Franz von Holtzendorff, einer der führenden Juristen seiner Zeit, mit der Frage, unter welchen Umständen die Auslieferung von Verbrechern an andere Staaten zulässig und angemessen ist und unter welchen nicht.

Er gibt einen Überblick über die Entwicklung des Asylrechts und vergleicht die Gesetzgebung und Handhabung in den verschiedenen Ländern.

Vorbildlich erscheint ihm dabei die Gesetzgebung in Belgien, wo politischen Straftätern weitgehender Schutz vor dem Zugriff anderer Staaten zugesichert wird.

Bisher erschienen bei Libera Media:

1. **Karl Braun:**
   Die Freizügigkeits-Gesetzgebung der Schweiz (1864)
2. **Karl Braun:** *Studien über Freizügigkeit* (1863)
3. **Wilhelm Lette:** *Die Freizügigkeit, das wichtigste Grundrecht für die arbeitenden Klassen* (1863)
4. **Alexander Moszkowski:**
   Die Kunst in 1000 Jahren (1910)
5. **Eugen Richter:** *Die Freiheit des Schankgewerbes* (1862)
6. **Julius Stettenheim:** *Burlesken* (1899)
7. **Franz von Holtzendorff:**
   Die Psychologie des Mordes (1875)
8. **Ludwig Bamberger:** *Deutschtum und Judentum* (1880)
9. **Robert Zelle:** *Ein deutsches Lebensbild* (1862)
10. **Julius Stettenheim:**
    Wippchen's Gedichte - Neue Folge (1894)
11. **Julius Stettenheim:** *Ein Lustig Buch* (1894)
12. **Franz von Holtzendorff:** *Die Auslieferung der Verbrecher und das Asylrecht* (1881)
13. **Karl Braun:** *Für Gewerbefreiheit und Freizügigkeit durch ganz Deutschland* (1860)
14. **Henning Helmhusen:**
    Lachen gefährdet Ihre Gesundheit (2016)
15. **Alexander Moszkowski:**
    Marinierte Zeitgeschichte (1884)

http://libera-media.de

Made in the USA
Monee, IL
07 July 2026

56551508R00049